Allegría

Der Autor

Dr. med. Lothar Hollerbach praktiziert seit 30 Jahren als Arzt für Allgemeinmedizin, Homöopathie, Naturheilverfahren und Umweltmedizin mit eigener Praxis in Heidelberg. Er verfügt über ein umfassendes Wissen auf dem Gebiet ganzheitlicher Heilungsansätze und therapiert schon seit Jahrzehnten nach den Methoden der Quantenmedizin.

Weitere Informationen zum Autor unter www.hdg-hollerbach.de

WIDMUNG

Ich widme dieses Buch meinen beiden Töchtern Deborah, Constanze und meiner Frau Patricia. Sie inspirieren mich aus der Ebene ihres geistigen Bewusstseins. Mit ihnen bin ich derart verbunden, dass nur eine Frage in mir aufkommen muss, und schon bekomme ich intuitiv die Antwort.

Ihre Antwort für dieses Buch lautet: »Der Geist mit seinem Ich-Bewusstsein ist unsterblich im ewigen Sein. Er wechselt nur seine Zustandskleider. Der Tod ist die Verwandlung in einen neuen Zustand, in ein neues Leben. Schreibe dieses Buch für die Menschen, damit sie keine Furcht vor dem Tod haben.«

Mein unsterblicher Geist ist mit ihrem unsterblichen Geist ewig verbunden.

INHALT

PROLOG

»Papa, sterben die Raupen, wenn die Schmetterlinge fliegen?«, fragte mich eines Tages meine kleine Tochter Constanze und schaute mich mit ihren schwarzen Kulleraugen
voll kindlichem Urvertrauen an. Wir beobachteten gerade eine Invasion borstiger Raupen, die im Gänsemarsch die son-
nengewärmte Wand unseres Hauses hochkrabbelten. Um sie
herum flatterten bunte Schmetterlinge, wunderschöne Pfau-
enaugen. Bevor ich antworten konnte, meinte Constanze:
»Die Oma wird bestimmt auch einmal ein Schmetterling,
wenn sie stirbt.«

Sie hielt inne, dachte kurz nach und sagte dann: »Papa,
ich will auch einmal ein schöner Schmetterling sein.« Während ich liebevoll in ihre dunklen Augen schaute, erkannte
ich in der Tiefe die reine Seele und erwiderte: »Ja, wir können alle wie Schmetterlinge sein, wenn wir aus unserem
Körper schlüpfen. Sterben ist eine Verwandlung, ein Aus-
der-Hülle-Schlüpfen, ähnlich wie bei einer Raupe, wenn sie
zum Schmetterling wird. Und so wie die Schmetterlinge ins
Licht der Sonne fliegen, so fliegen auch wir ins Licht.«

Mit aufmerksamen Blicken betrachtete sie die flattern-
den Schmetterlinge. »Oh, da fliegt ja einer auf meinen Finger, Papa. Der küsst mich ja ...« Entzückt genoss sie mit
kindlicher Hingabe, wie der Schmetterling ihre Fingerspitze
mit seinem Rüssel sanft liebkoste. »O ist der schön ... Papa,
der liebt mich.« Ihre Augen strahlten: »Papa, ich liebe dich
auch.« Mir wurde ganz warm ums Herz, und ich schloss
sie in meine Arme.

Die
Gedanken der Liebe
sind Träger des Lichtes
sind Zündfunken des Lichtes
die des Menschen Herz erwärmen
die des Menschen Seele bestrahlen
die des Menschen Geist beflügeln
die des Menschen Willen bestärken
sie offenbaren dem Menschen
die Weisheit der Schöpfung
die Schönheit und
das Wunder des
Lebens.

VORWORT

Ich bin Vater von vier Töchtern. Constanze, Mara, Deborah und Alma. In diesem Buch möchte ich Ihnen von dem Verlust von Constanze und Deborah berichten. Die beiden starben im März 2010 bei einem Autounfall. Sie waren gerade einmal 27 und 23 Jahre alt.

Ich war auch Ehemann, zum zweiten Mal verheiratet. Mit einer wunderbaren Frau, Patricia. Ich möchte Ihnen auch erzählen, wie ich sie verlor. Sie starb wenige Wochen nach meinen Töchtern nach langem Kampf an Krebs.

Aber dieses Buch soll keine Tragödie dokumentieren und Sie verschreckt zurücklassen. Im Gegenteil: Es soll Hoffnung machen. Ich will Ihnen zu erklären versuchen, warum ich nicht an dem zerbrochen bin, was man hierzulande gemeinhin als »schweren Schicksalsschlag« bezeichnen würde.

Ich werde mich erinnern und Sie schonungslos mit den schweren Tagen im Frühjahr 2010 konfrontieren – mit dem plötzlichen Unfalltod meiner Töchter und mit dem fast dreijährigen Hoffen und Bangen um das Leben meiner Frau. Dann werde ich Ihnen meine Art zu trauern erläutern, die sich möglicherweise sehr von den üblichen Ritualen unterscheidet, wie auch mein Umgang mit den vielen Beileidsbekundungen.

Und natürlich soll es um die immer noch währende Verbindung mit Constanze, Deborah und Patricia gehen. Denn ich weiß mit großer Sicherheit, dass sie nicht weg sind. Diese Behauptung wird nicht von einem Wunsch genährt, ist keine Illusion, kein Trick, der das Leid leichter machen soll. Ich kann Ihnen genau erklären, was hinter den mit Schrecken behafteten Begriffen Sterben, Tod und Jenseits steckt. Und genau das tue ich im Herzstück dieses Buches, im vierten Kapitel. Dort erwartet Sie die Grundlage meiner Zuversicht, die Basis meiner Kraft, ja, vielleicht sogar die ganze Wahrheit über unsere Existenz. Sie werden erstaunt und möglicherweise auch irritiert sein, weil ich Ihnen etwas präsentiere, das nicht Ihrer bisherigen Weltsicht entspricht. Aber Sie werden nach der letzten Seite dieses Buches gestärkt sein und voller positiver Energie Ihr Leben neu deuten und angehen können. Vor allen Dingen aber werden Sie viele Ihrer Ängste verloren haben. Darüber hinaus werden Sie Impulse finden, selbst Ihre Fähigkeiten zu schulen, um in die geistige Welt hineinschauen zu können. Sie werden wissen, wer Sie wirklich sind und was Ihr Körper wirklich ist. Lernen Sie die Wahrheit über den Tod kennen und Sie werden frei von der Angst, dass nach unserer Zeit auf der Erde Schluss ist. Denn das ist ohne jeden Zweifel ein Irrglaube.

Je mehr Sie von der Liebe, vom Licht des Lebens und der Unsterblichkeit unseres göttlichen Seins wissen, umso lebendiger und freudiger können Sie sich der Fülle des Lebens stellen. Sie werden sich leichter und glücklicher fühlen. Ihr

Leben ist ein Geschenk aus dem Licht der Liebe, dem Licht, zu dem Ihre Geistseele nach dem Tod zurückkehren wird. Wir alle sind Söhne und Töchter des Lichtes.

Viele alltägliche Ängste und Sorgen können Sie ablegen, wenn Sie sich mit dem Leben nach dem Leben beschäftigen. Ich werde Ihnen Übungen zeigen, die Sie befähigen, Kontakt mit den Verstorbenen aufzunehmen. Außerdem erfahren Sie, wie Sie Herr über Ihre Gedanken und Gefühle und damit Herr über die Materie werden können. Sie werden lernen, Wesentliches von Unwesentlichem zu unterscheiden, und Sie werden erkennen, dass es sich nicht lohnt, sich über Unwesentliches im Leben aufzuregen. Doch was ist wesentlich? Das einzige wirklich Wesentliche in Ihrem Leben ist zu erkennen, dass Ihr Geist mit seinem Ich-Bewusstsein unsterblich und göttlich ist. Ihr Geist ist Teil des Geistes, der seit Urbeginn der Schöpfung unsterblich im ewigen Sein war, ist und immer sein wird.

Solange Sie dieses Wissen noch nicht haben, ergeht es Ihnen wahrscheinlich wie den Patienten, die nur zu mir in die Praxis gekommen sind, um zu erfahren, wie jemand aussieht, dem in so kurzer Zeit so viele liebe Menschen genommen wurden. Ich konnte ihr Erstaunen verstehen, aber ich entsprach nun einmal nicht dem Bild des niedergeschlagenen Mannes. Mir ging es relativ gut, sodass viele Patienten, die nichts von den Ereignissen wussten, keine Veränderungen an mir bemerkten.

Hinweis in eigener Sache: Um die Privatsphäre meiner beiden noch lebenden Töchter zu schützen, habe ich ihre Namen in diesem Buch geändert.

1 DER UNFALL – MEINE TÖCHTER GEHEN

Es ist der Morgen des 18. März 2010. Ein Donnerstag. Viertel vor neun. Nach dem langen und harten Winter hält endlich der Frühling Einzug in Heidelberg. Ich beginne gerade mit der Arbeit in meiner Praxis, die Sprechstundenhilfen sind da, ein paar Patienten sitzen bereits im Wartezimmer. Es könnte ein Tag wie jeder andere werden – reden, heilen, Hoffnung machen. Doch es sollte anders kommen. Während ich die erste Patientin des Tages in einem der Behandlungsräume therapiere, klingelt vorn an der Rezeption das Telefon. Kein Anruf eines Kranken, aber doch ein Notfall. Eine Dame wünscht mich dringend zu sprechen.

Es ist die Mutter einer Freundin von Constanze, meiner ältesten Tochter. *Der* Freundin, die Constanze und Deborah nach Südafrika begleitet hat. Seit zweieinhalb Wochen machen die beiden dort Urlaub, besuchen ihre Schwester – meine Tochter Mara –, die ihr praktisches Jahr an einer Klinik in East London im Südosten des Landes absolviert. In drei Tagen wollen sie ihren Rückflug nach Deutschland antreten. Die Mutter der Freundin ist unruhig. Sie hätte soeben einen Anruf aus Südafrika erhalten, erzählt sie mir. Es sei dort irgendetwas passiert. Jemand aus einem Krankenhaus hätte von dem Handy ihrer Tochter angerufen, dann sei die Leitung zusammengebrochen. Ob ich nicht mal nachforschen könne.

Ich nehme die Mutter zwar ernst, mache mir aber keine großen Sorgen. Ich sage ihr, dass ich Mara anrufen und mich wieder melden würde. Ich erreiche meine Tochter sofort auf ihrem Handy. »Wo bist du?«, frage ich. »Schon bei der Arbeit in der Klinik, aber die anderen sind vor einer halben Stunde zum Strand gefahren«, antwortet sie. Die *anderen*, das sind neben meiner Tochter Constanze und besagter Freundin auch meine zweitjüngste Tochter Deborah, die ebenfalls von einer Freundin aus Deutschland begleitet wird. »Da kam gerade so ein komischer Anruf«, sage ich. »Kannst du nicht mal schauen, was da bei der Strandfraktion los ist?«

Eine Dreiviertelstunde später meldet sich Mara wieder: »Constanze ist tot!« Es habe einen Unfall gegeben. Was mit den anderen ist, wisse sie noch nicht. Was für eine Nachricht! Meine Tochter tot? Eine Stunde später sehe ich wieder Maras Namen auf dem Display meines Handys. Ich schalte den Anruf frei, um die zweite Schreckensnachricht entgegenzunehmen: »Deborah ist auch tot!« Aber die anderen beiden Mädchen aus dem Auto seien am Leben.

Nach dem Anruf der besorgten Mutter hätte ich niemals vermutet, dass so etwas Schreckliches passiert ist. Ich hatte keine Vorahnung, keine geistige Vorinformation erhalten wie sonst, wenn es meinen Töchtern einmal nicht so gut ging.

Was genau war geschehen? Constanze und Deborah wollten mit ihren beiden Freundinnen ein letztes Mal zur Küste, bevor es am Montag wieder zurück in den Arbeitsalltag gehen sollte. Mit einem Mietwagen, einem Golf älteren Baujahrs, waren die vier auf einer zehnspurigen Autobahn unterwegs – rechts fünf Spuren, links fünf Spuren. Am Steuer saß Constanze, eine vorsichtige und umsichtige Fahrerin, die neun Jahre unfallfrei unterwegs war und mich sofort liebevoll ermahnte, wenn ich in Gedanken versunken mal ein bisschen zu schnell gefahren bin. Gegen acht Uhr morgens waren sie mit ihren Schwimmsachen aufgebrochen. Mara wollte unbedingt zu Hause bleiben, ihr war merkwürdigerweise nicht wohl bei dem Gedanken, diesen Ausflug mitzumachen. Wie sie mir später erzählte, hatte sie am Abend davor eine schreckliche Eingebung, ein Bild vom Tod ihrer beiden Schwestern, gehabt, diese aber als unmögliche Fantasie abgetan und sogleich wieder verdrängt ...

Jene Autobahn, die N2, verengte sich von fünf Spuren auf eine. Eigentlich nichts Ungewöhnliches, allerdings wurde diese Verengung weder durch Schilder oder auf den Asphalt gezeichnete Pfeile angekündigt noch trennte eine Leitplanke die beiden Fahrtrichtungen voneinander ab. Bei Linksverkehr bedeutet das ganz links eine Fahrzeugkolonne, Stoßstange an Stoßstange – und Constanze mit ihrem Golf direkt daneben. Sie glaubte, auf der Überholspur zu sein, in Wahrheit war es aber bereits die Spur für den Gegenverkehr. Zu allem Überfluss verläuft die Fahrbahn an dieser Stelle auch noch in einer unübersichtlichen Rechtskurve, sodass Constanze das erste Auto, das ihr entgegenkam – ebenfalls ein Golf, allerdings neueren Baujahrs –, nicht sehen konnte. Sie hatte keine Chance auszuweichen, die linke Spur war dicht.

Die beiden Wagen kollidierten frontal. Während die Insassen des neuen Golfs, durch Knautschzone und Airbags geschützt, nur leicht verletzt wurden, schob sich der alte Golf komplett zusammen. Die Mädchen trugen schwere innere Verletzungen davon. Constanze war sofort tot. Deborah überstand den Unfall, ihr Leben endete aber kurze Zeit später in der Klinik. Eine der Freundinnen starb einige Wochen später in einem deutschen Krankenhaus. Die südafrikanischen Medien berichteten ausführlich über den Unfall, und im Internet waren die Bilder ebenfalls zu sehen.

Auch regionale Zeitungen in Deutschland griffen die Nachricht auf. So erfuhren wir im Nachhinein, dass es an dieser Stelle bereits über zehn tödliche Karambolagen gegeben hatte, die südafrikanischen Behörden sich bislang aber nicht in der Lage sahen, diese gefährliche Verkehrssituation zu entschärfen. Nur wenige Tage später ereignete sich an der gleichen Stelle wieder ein Unfall mit tödlichem Ausgang.

Ich will Ihnen von meiner ersten Reaktion bei mir in der Praxis erzählen. Als ich den ersten Anruf meiner Tochter aus Südafrika erhielt, konnte ich das Gehörte zuerst überhaupt nicht realisieren. Es war, als würde man mir den Boden unter den Füßen wegziehen. Es fühlte sich an, als wäre ich einfach nicht mehr da, als hätte ich mich plötzlich aufgelöst. Anders kann ich es nicht beschreiben. Aufgrund der Tatsache allerdings, dass Patienten auf mich warteten, musste ich mich schnell wieder sammeln. Körperliche Ausfälle hatte ich nicht, und so war ich in der Lage, die laufenden Behandlungen abzuschließen. Allerdings musste ich dazu meine ganze innere Kraft aufwenden und mich unglaublich zusammennehmen, teilweise sogar schauspielern. Den Patienten hatte ich bewusst nichts gesagt, da ich befürchtete, dass einige von ihnen zusammenbrechen würden. Ich hätte ihr Entsetzen also auch noch mittragen müssen, und dazu hätte meine Kraft nicht gereicht. Nur meine Sprechstundenhilfen weihte ich ein. Und ich versuchte, meiner Frau das Unfassbare behutsam beizubringen. Doch sie wusste schon beim ersten Satz, was geschehen war, sie konnte schon immer meine Gedanken lesen. Es ihr verheimlichen zu wollen wäre also sinnlos gewesen.

Als mich der Anruf mit der zweiten Todesnachricht erreichte, musste ich das Behandlungszimmer verlassen. Ich konnte meinen Schock nicht mehr vor den Patienten verbergen. Ich zog mich in mein Zimmer zurück und fragte mich, ob das alles wahr sein könne oder vielleicht doch nur eine grausame Illusion sei. Was passiert da gerade? Kann das überhaupt möglich sein? Dann wurde mir allmählich bewusst, dass das tatsächlich die Realität ist. Und schon schoss die nächste Frage durch meinen Kopf: Was bedeutet das?

Zuerst dachte ich an eine Attacke böser Mächte, die ich nicht in der Lage war wahrzunehmen und der ich nichts entgegenzusetzen hatte. Denn – wie gesagt – ich wusste bisher immer, wenn es meinen Kindern nicht gut ging, selbst wenn Sie sich in der Ferne aufhielten. Ich hatte einiges über die bösen Mächte des Kosmos gelesen, die den Menschen den Tod bringen. In den Geisteswissenschaften ist bekannt, dass die sogenannten Asuras – gefallene geistige Wesen, die in göttlichem Auftrag die Menschen mit den Polaritäten des Guten konfrontieren – die Erlaubnis haben, dem Leben eines Menschen ein Ende zu bereiten. Asuras gehören zu den negativsten und bösesten Kräften, die dem Menschen begegnen können. Diese Vorstellung ergab für mich zuerst Sinn. Denn gäbe es diese Polaritäten des Bösen nicht, gäbe es im gesamten Kosmos keine Änderungen und somit keine Evolution. An all das erinnerte ich mich also in diesem Moment.

Eine Viertelstunde habe ich ohne jegliches Zeitgefühl regungslos in meinem Zimmer am Schreibtisch gesessen. Ich habe nicht geweint. Ich hatte keine Tränen. Das Ereignis ging über alles hinaus, wobei Tränen helfen können. Nach diesen 15 Minuten habe ich vier Telefonate geführt. Ich rief nochmals meine Frau Patricia an sowie meine geschiedene Frau, die die Mutter meiner Töchter ist. Und ich rief die Mutter der ebenfalls verunglückten Freundin an. Der letzte Anruf galt merkwürdigerweise dem Arbeitgeber meiner Tochter, der Universitätsklinik in Witten-Herdecke. Es muss sarkastisch geklungen haben, aber ich habe dem Kollegen auf der Herzstation, der wegen einer dringenden Behandlung unabkömmlich war, durch eine Schwester ausrichten lassen, dass er sich einen neuen Assistenzarzt suchen müsste. Constanze würde am Montag ihren Dienst nicht mehr antreten können.

Es war kurz vor Mittag, als ich wieder anfing zu funktionieren. Das war schon früher in der Chirurgie so. Wurde es um mich herum brenzlig, wurde ich immer ruhiger und gelassener und tat das, was in dieser Situation getan werden musste. Ich sprach mit meinen Helferinnen und bat sie, für den heutigen Tag keine neuen Patienten mehr anzunehmen. Den zehn bereits angemeldeten wollte ich mich aber noch widmen. Erst die Abendsprechstunde habe ich komplett abgesagt.

Meine jüngste Tochter Alma war den ganzen Tag in der Schule. Für sie waren es die letzten Wochen vor dem Abitur. Ich hatte sie per SMS informiert, dass ich sie abholen würde. Sie hat wohl geahnt, dass irgendetwas Schlimmes passiert sein musste. Denn so etwas hatte ich bisher noch nie getan.

Mara, die diesen schweren Schicksalsschlag hautnah erlebte, zog ein wahrer Sturm von Gedanken durch den Kopf: Wozu lebe ich überhaupt? Welchen Sinn hat das Leben? Wie kann ich/meine Familie diesen Verlust ertragen?

In dieser äußerst schwierigen Situation kam ihr plötzlich die klare und tiefe Erkenntnis, dass sie weiterleben wollte. Und sie entschloss sich bewusst, weiterzuleben. Das war die Botschaft ihrer beiden Schwestern. Sie erkannte die große Aufgabe, die entgegengesetzte, die positive, die »gute« Seite dieses schrecklichen Ereignisses in ihrem Leben zu suchen. Das bedeutet für sie, sich auch weiterhin der Fülle des Lebens, in die Fülle der Schöpfung zu stellen, solange es ihr möglich ist und solange das Leben es erlaubt. Ihre Schwestern hatten sich ebenfalls stets in die Fülle des Lebens gestellt. Sie hatten jeden Tag ihres kurzen Lebens genossen und alles, was sie nur konnten, an Schönheiten der Natur, der Kunst und der Menschen in sich aufgesogen. Plötzlich war es so, als ob diese Kraft der Schwestern auf sie übergesprungen wäre. Und noch etwas anderes hat mich beeindruckt. Mara sagte mir: »Ich wusste, dass es richtig ist, so wie es ist. So schrecklich es auch sein mag.« Sie war sich sicher, dass ihre Schwestern auch an einem anderen Ort der Welt hätten sterben können, wäre es nicht in Südafrika passiert. Ihr Zeitpunkt war einfach gekommen. Das sind Aussagen, die ich als

Ganzheitsmediziner und Geisteswissenschaftler nur bejahen kann. Doch längst nicht allen ihren Freundinnen und Bekannten konnte Mara ihre Sicht der Dinge so frei erklären. Sie ist auf viele fragende Blicke gestoßen.

Mit einem weiteren Satz meiner Tochter aus diesen Tagen will ich kurz andeuten, welches außergewöhnliche Bewusstsein in unserer Familie herrscht, ein Bewusstsein, das dafür sorgte, dass wir nicht alle in Verzweiflung versunken sind. Mara sagte: »Das Gefühl ›O mein Gott, jetzt sind sie für immer weg!‹ hatte ich nie.« Was genau hinter dieser Aussage steckt, verrate ich Ihnen im vierten Kapitel dieses Buches. Aber ich werde hier schon einmal andeuten, worauf diese Haltung fußt: auf dem unglaublichen Interesse all meiner Töchter an den äußeren wie inneren Phänomenen der Welt, also an den klassischen Naturwissenschaften, der modernen Bewusstseins-Quantenphysik sowie an den spirituellen Dimensionen der Geisteswissenschaft.

Schon früh habe ich sie damit vertraut gemacht. Denn ich hatte in der Tat ein konsequentes erzieherisches Motto: Das Wichtigste, was ich meinen Kindern mitgeben wollte, war kein materielles, sondern ein geistiges Vermögen. Denn besitzt man das erst einmal, kann man sich alles Materielle beschaffen und erarbeiten. Der Urgrund alles Physischen ist stets das Geistige. Mein Anliegen war also immer, ihnen geistige Inhalte zu vermitteln, damit sie allein durch ihr Denken, ihrer Herzenskraft, ihren Willen und ihre Visualisierungsgabe gut durchs Leben kommen und mit klarer Vernunft sich das in ihren Alltag holen, was sie tatsächlich brauchen.

Wie ich das geschafft habe? Sicher nicht mit strenger Hand und der Absicht, ihnen eine Doktrin einzubläuen. Ideologien taugen nicht für die Erziehung zu einem freien, kreativen und bewussten Menschen. Ich habe ihnen zum Beispiel ganz bestimmte Bilder an die Kinderzimmerwände gehängt – keinen Kitsch, sondern hochwertige, aber eben doch kindgemäße Kunstdrucke, wie die Madonnenbilder des italienischen Malers Raffael. Wieso gerade Madonnenbilder? Ich wollte in die Kinderseelen meiner Töchter ein gesundes Maß an religiösen Kenntnissen und harmonischen Empfindungen einprägen. Die Geschichten aus der Bibel sollten die Basis bilden, jene faszinierenden Berichte von der Geburt Christi, den Wundern, den Predigten, der Kreuzigung und der Auferstehung. Ich habe meine Töchter immer in den Religionsunterricht geschickt. Sie sollten zuhören und Fragen stellen, wohl wissend, dass das, was die Theologie aus der Bibel lehrt, längst nicht die ganze Wahrheit ist. Das Verständnis der tieferen Bedeutung und deren Interpretation kamen erst viel später. Aber Kinderseelen brauchen schon früh religiöse Geschichten. Und sie brauchen Märchen. Deswegen habe ich den vieren abends zusätzlich Geschichten aus ihrem Alltag märchenhaft nacherzählt. Ich versuchte dabei immer, völlig »ernst und neutral« zu bleiben, aber manchmal mussten wir alle losprusten, wenn eine der Pointen besonders treffend eine Situation beschrieb, die sich im Laufe des Tages ereignet hatte. Meine Kinder ahnten natürlich immer schon im Voraus, wer von ihnen jeweils gemeint war.

Vier Kinder abends ins Bett zu bringen ist eine anstrengende Aufgabe für eine Mutter, die den ganzen Tag mit dieser Rasselbande beschäftigt ist. Deshalb ließ ich immer einen Studenten oder eine Studentin zu ermäßigter Miete bei uns wohnen, mit der Auflage, den Kindern Märchen oder biblische Geschichten vorzulesen, wenn meine Frau oder ich einmal verhindert waren. Während der »letzten« Kinderjahre wohnte ein lebensbejahender Theologiestudent im Haus, den die Kinder vergötterten. Wenn Elmar Märchen und Geschichten vorlas, hingen sie mit leuchtenden Augen an seinen Lippen. Meine jüngste Tochter Alma erinnert sich noch heute an die beeindruckende Geschichte von dem Jungen, der sein Lachen für Geld verkaufte und sein ganzes Leben nicht mehr lachen konnte. Bestimmt haben die Kinder nachts noch davon geträumt. Märchen und Bibelgeschichten bergen nun einmal reiche Bilder für Geist und Seele und regen in einem außerordentlichen Maße die Fantasie und die Träume von Kindern an.

So boten auch die Kinderbücher – sie wurden von Tochter zu Tochter weitergegeben – immer Anregungen. Die Kinderseele sollte Impulse erhalten, um sich entfalten zu können. Die selten sinnvollen Informationen des Fernsehens sah ich schon als junger Arzt als schwächend für Geist und Fantasie an. Daher verschenkte ich nach der Geburt meiner ersten Tochter Constanze den Apparat. Stattdessen spielte ich oft Geige und Klavier, während meine Mädchen abends schon im Bett lagen. Sie erzählten mir später einmal, dass sie mit der Musik von Chopin, Brahms, Bach, Schumann und Grieg immer wunderbar einschlafen konnten.

Das Lebensgefühl in unserer Familie war traumhaft, sehr heiter, für alles Neue aufgeschlossen und auf die Entwicklungsbedürfnisse der Kinder ausgerichtet. Ich hatte zwar immer viel Arbeit mit meiner Praxis, am Wochenende aber häufig frei. Und kaum war ich zu Hause, saßen meine Töchter bei mir auf dem Schoß. Wir hatten ein sehr inniges Verhältnis.

Interessant ist, dass jedes meiner vier Kinder mir einen Schatz mit in die Welt gebracht hat. Dank meiner ersten Tochter habe ich mich getraut, die Zeit an der Uniklinik hinter mir zu lassen und eine eigene Praxis zu gründen. Als die zweite Tochter kam, wurde das erste Haus gebaut. Mit der dritten Tochter kamen spirituelle Erkenntnisse in mein Leben – unter anderem die großartigen Erkenntnisse, von denen ich im vierten Kapitel berichte. Von meiner vierten Tochter erhielt ich die nötigen Impulse, um ein Praxishaus zu errichten, das die verschiedensten Therapierichtungen unter einem Dach vereint, und mich aus meiner ersten Ehe zu lösen. Heute weiß ich, dass diese Trennung notwendig war, um mich spirituell weiterentwickeln zu können. Denn das wäre in der vorherigen Konstellation nicht möglich gewesen.

Doch es blieb nicht allein bei der frühkindlichen Seelenbildung meiner Töchter. Allen vieren habe ich ab dem elften bis zwölften Lebensjahr jene Fähigkeiten vermittelt, die ich vorhin schon kurz erwähnt habe. Sie haben meine Töchter zu grundpositiven und kreativen Menschen gemacht. Ich meine damit die Kraft unseres Geistes, der ich mich in meinem ersten Buch »Der Quanten-Code« widme. Für alle, die es nicht gelesen haben, fasse ich seine Botschaft in einem Satz zusammen: Die moderne Quantenphysik und Geisteswissenschaft sind sich einig, dass Geist Materie formt, dass wir mit zielgerichteten Gedanken in der Lage sind, unsere Realität zu verändern – Materie ist Information des Geistes!

Ich bin glücklich, dass ich meinen Kindern so früh den Zugang zu dieser geistigen Welt zeigen konnte. Denn diese Gabe können sie niemals verlieren und sie kann ihnen niemals genommen werden. Sie werden sich stets das erschaffen, was sie in der materiellen Welt benötigen. »Der Geist bewegt und erzeugt die Materie«, das war stets meine Überzeugung. »Benutze deine Gedankenkraft zum Denken in Freiheit, liebe die Wahrheit und erschaffe mit Liebe die Fülle der Schöpfung«, lautete mein Credo für sie.

Von diesen erstaunlichen Quintessenzen, mit denen ich mich auch als Quantenmediziner seit Jahren in Seminaren und der täglichen Praxis auseinandersetze, habe ich meinen Töchtern bei Familienspaziergängen oder beim gemeinsamen Essen erzählt. Ich habe sie auch zu Hausbesuchen oder ins Altersheim mitgenommen, damit sie sehen, wie gern ich mit den Menschen arbeite und ihnen Heilungsimpulse gebe. So sahen sie die medizinische Welt stets von einer positiven und offenen Seite. Eine Offenheit, die auch Sie, lieber Leser, später im Buch brauchen werden. Denn wie für meine Töchter gilt es auch für Sie, zu erkennen, dass unser inneres Selbst nicht aus unserem Körper besteht, sondern aus Seele und Geist, die den Körper in der dreidimensionalen Welt als ein Instrument zum Sammeln von Erfahrungen benötigen.

Ich möchte Ihnen am Ende dieses Kapitels schildern, was neben dem ganzheitlichen Wissen über unser Dasein den Charakter meiner beiden verstorbenen Töchter Constanze und Deborah ausgemacht hat, warum sie so beliebt waren und warum so viele Freunde zur *Auferstehungsfeier* – so nannten wir die Abschiedsfeier – gekommen sind.

Constanze war unglaublich integrativ und hatte einen riesigen Freundeskreis. Sie konnte mit ihren Mitmenschen hervorragend umgehen und verfügte über eine bemerkenswerte Qualität: Sie war zuverlässig und sie urteilte nicht! Damit war sie offen für jeden – für die, die sich ausgegrenzt fühlen, und für die Bevorzugten, für die Zielstrebigen und für die, die das Dolce Vita lieben. Sie sah in jedem den Bruder, die Schwester und den liebenswerten Menschen. Soweit ich mich erinnern kann, erzählten mir nach der Auferstehungsfeier viele ihrer Bekannten, dass Constanze ihre beste Freundin gewesen sei. Das hat mich sehr beeindruckt und zutiefst gerührt.

Dazu passt eine Anekdote aus ihrer Schulzeit. Eines Tages kam ihre Klassenlehrerin Frau Koppert zu mir und fragte: »Sagen Sie, kann es sein, dass die Constanze im Diktat absichtlich Fehler macht?« Ich konnte mir das überhaupt nicht vorstellen und fragte meine Tochter danach, worauf sie ein wenig verschämt antwortete: »Ja, manchmal mache ich das, damit meine Freundin nicht weint, weil ich besser bin als sie.« Diese Freundin war sehr ehrgeizig, sie wollte immer die Beste sein. Weil Constanze das aber nie so wichtig war, nahm sie sich selbst zurück. Dieser wunderbare Zug hat sie ihr ganzes Leben lang begleitet. Geriet jemand in Not, stellte sie ihre eigenen Wünsche zurück und gab demjenigen, was sie zu geben imstande war. Sie hatte ihr Ego immer im Griff. Ich habe mich häufiger gefragt, ob das die Frucht meiner Erziehung war. Möglich, dass das auch eine Rolle gespielt hat, aber ich glaube eher, dass ihre reife Seele diese Eigenschaft aus früheren Inkarnationen mitgebracht hat.

Wie wäre Constanzes Leben weitergegangen, wäre sie nicht gestorben? Sie hatte vor, nach ihrem Facharztabschluss in unserer Praxis als Ärztin für eine Medizin des Heilens, der Kreativmedizin, einzusteigen, so wie ich es einst getan habe. Constanze hatte in Mainz Medizin studiert und trat im Oktober 2009 ihre erste Stelle an der anthroposophischen Uniklinik im nordrhein-westfälischen Witten-Herdecke an. Sie arbeitete sich schnell in den Job als Stationsärztin ein und war sehr beliebt. Ihre Aufgabe war es, sich um die Genesung von bis zu 30 Herzpatienten zu kümmern. Das tat sie ein halbes Jahr lang. Aus ihrem ersten, vom selbstverdienten Geld finanzierten Urlaub kam sie nicht mehr zurück.

Und Deborah? Sie war ein sehr liebes, sanftmütiges Kind und konnte keinem Menschen etwas zuleide tun. In ihren ersten Lebensjahren war sie so zufrieden und vergnügt, dass wir sie problemlos überall mit hinnehmen konnten. Sie hat zwar auch ihre Bedürfnisse angemeldet, aber in Geschrei oder Gezeter ist das nie ausgeufert. Hat man ihr einmal klargemacht, warum ein Wunsch gerade nicht erfüllt werden kann, hat sie das immer eingesehen und war zufrieden.

Später, mit zwölf oder 13, zeichnete sie ein anderer Aspekt aus. Sie lernte, ihren Willensimpuls im täglichen Leben einzusetzen. Sie nahm Reitstunden und versuchte dabei, das Pferd allein mit ihrem Willen zu führen. Es funktionierte. Wie auch die Sache mit dem Fahrrad: Zum 16. Geburtstag hatte ich ihr eines geschenkt und schlug vor, eine kleine Tour zu unternehmen. Sie wollte aber nicht durch die Ebenen radeln, das war ihr, wie sie damals sagte, zu langweilig. Sie wollte auf den »Weißen Stein«, einen über 500 Meter hohen Berg bei Heidelberg, Trainingssteig aller Hobby-Rennrad-fahrer der Region. »Okay«, dachte ich, »wenn du mit deinen 16 Jahren das willst, dann muss ich das mit meinen mehr als dreimal so vielen Jährchen auch schaffen.« Freiwillig war ich bis dahin noch nie da hochgefahren.

Wir quälten uns also zwölf Kilometer die Serpentinen hoch und kamen tatsächlich oben an. »Super, dass du das geschafft hast«, meinte ich. »Aber warum wolltest du ausge-rechnet diesen steilen Berg hinauf?« »Ja, weißt du«, antwor-tete sie, »in meiner Klasse gibt es einige Jungs, die prahlen immer damit, dass sie diesen Berg hochfahren. Denen wollte ich zeigen, dass ich das auch kann.« Das war meine Tochter Deborah. Was war sie in dem Moment glücklich! Und ich hatte wieder einmal gesehen, was sie mit ihren Willens-impulsen alles erreichen konnte.

Zusammen besuchten wir sogar Seminare des griechischen Heilers Daskalos, um Wünsche besser zu visualisieren und per Willensimpuls noch effizienter wirken zu lassen. Wer an Daskalos' Schulungstechniken Interesse hat, dem sei noch einmal mein Buch »Der Quanten-Code« ans Herz gelegt, in dem ich detailliert darauf eingehe. Nach dem Abitur wünsch-te Deborah sich, Jura zu studieren, um einen Job zu bekom-men, bei dem ihr eine Sekretärin bestimmte Erledigungen wie zum Beispiel das Einkaufen von Geburtstagsgeschenken ab-nehmen würde. Wie schön das doch wäre! Wir scherzten darüber, doch zwei Monate nach dem Abitur erhielten wir

einen Anruf von der Berliner Polizei. Man verlangte nach Deborah. Komisch, hatte sie in der Hauptstadt etwas ausgefres-
sen? Sie wollte zwar an der FU oder der Humboldt-Uni
studieren, war noch nicht in Berlin gewesen ... Keineswegs,
die Polizei erkundigte sich allen Ernstes, wann Deborah denn
kommen würde, sie hätte schließlich einen Vorstellungster-
min für die Stelle als Staatsanwältin. »Nee«, sagte sie, sie
könne noch nicht kommen, sie müsse doch erst noch Jura
studieren! Die Erklärung für dieses Kuriosum ist einfach: Sie
hatte durch ihre perfekte und intensive Visualisationsgabe
die künftigen Ereignisse durch die sogenannten Zukunfts-
attraktoren in die Gegenwart gezogen. Mir ist bis heute un-
erklärlich, wie die dortigen Behörden unsere Privatnummer
herausbekommen haben.

Als sie dann tatsächlich nach Berlin zog, um an der FU in
Berlin zu studieren, setzte Deborah ihre Visualisationsgabe
weiter ein. Zum Beispiel um für sich und ihre Freundin die
einzigen beiden und sehr begehrten Erasmus-Stipendien für
ein Auslandssemester in Lausanne zu visualisieren. Und die
beiden erhielten tatsächlich den Zuschlag! So ging es weiter.
In Lausanne visualisierte Deborah eine Wohnmöglichkeit im
Studentenheim am Genfer See. Raten Sie, wer ein Zimmer
am Genfer See bekam? Deborah. In Lausanne lernte sie
auch ihren Freund kennen, einen äußerst liebenswürdigen
jungen Mann, mit dem sie bis zuletzt zusammen war. Einmal, als ich sie in Berlin besuchte, erklärte sie ihm während
einer Stadtrundfahrt im Doppeldeckerbus: »Wir sind alle
Erzengel, und das Leben ist nur eine Bühne. Auf dieser Bühne spielen wir unser Spiel des Lebens, um zu lernen. Sobald

wir genug gelernt haben, gehen wir wieder zurück in unsere Heimat.«

Wie sah die Verbindung zu meinen Töchtern in den letzten Wochen ihres Lebens aus? Wir telefonierten zwei bis drei Mal pro Woche. Darüber hinaus hielten alle vier Töchter Kontakt mieinander. Jede wusste, was mit den anderen los war, obwohl sie in der ganzen Bundesrepublik verstreut waren. Sie halfen sich und hörten sich zu.

Die letzten wunderbaren gemeinsamen Stunden mit Constanze und Deborah verbrachten meine Frau und ich im August 2009. Wir machten zusammen eine Woche Urlaub in den Sextener Dolomiten, wo wir unter der Führung der Hotelbesitzerin Helga einen mittelschweren Klettersteig im Nieselregen bewältigten. Es machte den beiden riesigen Spaß, zum ersten Mal in ihrem Leben angeseilt am Berg zu hängen. Danach sahen wir uns natürlich noch an Weihnachten. Es war ein fröhliches Fest und gleichzeitig der Geburtstag der jüngsten Schwester, an dem – wie immer – die Aufmerksamkeit für den anderen und die liebevolle Gemeinsamkeit im Mittelpunkt standen. In keinem Moment habe ich vermutet, dass dieses Weihnachten unser letztes sein würde – zumindest in dieser Konstellation.

Im Februar 2010 begleitete mich Deborah für eine Woche auf einen Workshop nach Ägypten. Nach meinen Vorträgen hatten wir beide vier lange Tage ungestört Zeit füreinander, für die ich unglaublich dankbar bin. Ich erinnere mich noch genau, wie wir die kreativen Schöpfungssignaturen von Wärme, Luft, Wasser und Erde in den Bewegungen des Meeres, den Formen der Muscheln, Schnecken und des Sandes aufmerksam und staunend beobachteten. Deborah nahm alles mit größter Achtsamkeit und Begeisterung auf. Freiwillig stand sie morgens schon vor Sonnenaufgang auf, um mit mir am Strand zu joggen – eine Uhrzeit, die bei ihrem lebhaften Studentenleben eher eine Zubettgehzeit als eine Aufstehzeit war. Gemeinsam erlebten wir dabei die herrlichsten Sonnenaufgänge und fühlten uns in innigster Seelenverwandtschaft sehr nahe. Dabei erkannte ich immer mehr, welch wunderbares Geistwesen sich als meine Tochter inkarniert hatte.

Überhaupt hatten, beziehungsweise haben alle meine wunderbaren Töchter außergewöhnliche Begabungen für Spiritualität und Sensitivität. Während ihrer Schulzeit saugten sie geistige Informationen geradezu in sich auf und hatten nur das Problem, dieses Wissen nicht mit ihren Freundinnen und Freunden teilen zu können. Denn im Schulalter ist das Thema Spiritualität nicht »in«. Wer »cool« ist, bleibt in der konventionellen Matrix.

Geheime Offenbarung

Die Blätter tanzen noch am Lebensbaum
Zum Welken gibt es weder Zeit noch Raum

Sie stehen voll im Glanze ihrer Fülle Pracht
Da nimmt ein Augenblick der schicksalhaften Todesmacht

Hinein sie in die Nacht der Weisheit und der Liebe
Erhellt durch Sternenlicht, zurück ins kosmische Getriebe

Die Weisheit lehrt dem erdgetrübten Denken
Zum höchsten Ziel will liebreich sie es lenken

Erkenntnis ist das einzig Tor, aus dem die Wasser fließen,
Aus denen Götter voller Sehnsucht, voller Freud' genießen

Verleiht dem Leben Ewigkeit und reinste Wahrheit
ist Geistes Quell aus Licht und Liebe höchster Klarheit.

Verloren warst du, kommst zurück, bist wieder neu
in Geisteswelt geboren
Die Töchter, höchstes Glück des Vaters, tönt es allen
Geistesohren

Die Himmel jauchzen, Geist vom Geiste kommt zurück
mit irdischer Erfahrung
Die Geisterscharen freuen sich:

Verwandlung ist des Tods geheime Offenbarung

2 DER KREBS – MEINE FRAU GEHT

Die Diagnose »Eierstockkrebs auf beiden Seiten mit Metastasen im gesamten Bauchraum« bekam Patricia am 23. Oktober 2007. Zwei Wochen später gaben wir uns im Rahmen einer »Blitzheirat« das Jawort. 32 Monate dauerte das gemeinsame Ringen mit der Krankheit – bis wir am 14. Juni 2010 einander loslassen mussten.

Patricia war eine große, schlanke Frau. Sie hatte kurze blonde Haare, leuchtende, strahlende Augen, war impulsiv, begeisternd und zog sich gern farbenfroh an. Es war wohl diese Andersartigkeit im Umfeld betulich agierender und farblich eher dezent gekleideter Anthroposophen, die uns im November 2001 auf einer Ärztetagung in Kassel zusammenbrachte. Dort ist mir Patricia nicht etwa durch kluge Fragen oder Einwürfe während der Seminare und Vorträge aufgefallen, sondern durch ihr Verhalten am Buffet.

Anthroposophen sind der Auffassung, dass die materielle Welt aus Geist entstanden, nach Maß, Zahl und Gewicht aufgebaut und damit sowohl aus geisteswissenschaftlicher als auch aus naturwissenschaftlicher Sicht erforschbar ist. Anthroposophen leben in dem sicheren Bewusstsein, dass alles, aber auch alles aus geistigen Informationen besteht, die durch die geübte Kraft des bewussten Denkens durchschaut werden können. Anthroposophen lernen, die spontanen Gefühle von Sympathie und Antipathie bewusst wahrzunehmen, weshalb manche die Dinge etwas bedächtiger angehen. Die stetige Übungskontrolle des Denkens und Fühlens behindern manchmal spontane Entscheidungen, auch beim Essen: hiervon ein Löffel, davon ein Löffel, vielleicht hiervon noch ein bisschen mehr. Überlegen gleiche mehrere Personen, ob ein oder eher zwei Löffel verträglich sind, bremst das die »Ladegeschwindigkeit« am Buffet deutlich. Bloß nicht in Hektik geraten. Über so ein Mittagsbuffet kann man schon einmal ins Grübeln geraten.

Ich muss gestehen, dass diese Entscheidungsbremsen für mich manchmal eine Geduldsprobe und karmische Übungsaufgabe sind. Was jedoch nicht heißen soll, dass nicht auch eine große Anzahl von Nichtanthroposophen verzögerte Willensentscheidung als grundsätzliche Ureigenschaft in sich trägt. Jedenfalls beeilte ich mich, um einer der Ersten in der Essensschlange zu sein, was ich auch schaffte. Ich stand an vierter Position und entdeckte ganz vorn diese junge, bunt und modisch gekleidete Frau mit kurz geschnittenen blonden Haaren. »Hupps«, dachte ich mir, »wie hat die es denn bis ganz nach vorn geschafft? Und dann sieht sie auch noch so unanthroposophisch und elegant aus!« Das fand ich sehr interessant. So interessant, dass ich meinen Teller nahm und mich einfach neben sie setzte. Sie schaute mich erst erstaunt und etwas entrüstet an, aber ich blieb sitzen und verwickelte sie in ein Gespräch. Als wir später einmal über diesen ersten

Kontakt sprachen, gestand sie mir lächelnd und dankbar, dass sie es im ersten Moment ganz schön aufdringlich gefunden habe, dass ich mich einfach neben sie setzte, obwohl noch so viele Tische frei waren. Doch diese Aufdringlichkeit sei der Beginn der, wie sie sagte, wichtigsten und glücklichsten Begegnung ihres ganzen Lebens gewesen.

Ich hatte ein Buch über elektromagnetische Medizin dabei, für Anthroposophen ein eher ungewöhnliches Thema. Aber sie fragte neugierig, was das denn für eine Lektüre sei. Ich zeigte ihr das Buch und sagte, dass ich darin weiterlesen würde, falls mir langweilig werden würde. Das fand sie wiederum ganz interessant. Daraus entspann sich unsere erste Unterhaltung, und wir verpassten die nächsten Kurse. An diesem Tag habe ich meine zweite Ehefrau kennengelernt. Meine vier Töchter waren längst auf der Welt. Die Ehe mit meiner ersten Frau war seit über einem Jahr vorbei.

Patricia arbeitete in einem Sanatorium für anthroposophische Medizin und begleitete viele Patienten mit schweren Krebserkrankungen, mit Burn-out oder auch psychosomatischen Erkrankungen. Und irgendwie fanden wir bei unserer unerwarteten Begegnung heraus, dass wir eine gemeinsame Patientin hatten. Danach ging es allerdings nur ganz gemächlich weiter. Patricia schickte mir im Januar eine Postkarte aus Mexiko, wo sie ihren Jahresurlaub verbrachte. Das war's aber auch schon. Erst bei der nächsten Ärztetagung im April des Jahres 2002 trafen wir uns in Kassel wieder. Da entwickelten wir die Idee, gemeinsam wandern zu gehen. Der Plan führte uns schließlich im August ins Montafon-Gebiet in Österreich, wo wir fünf Tage von Hütte zu Hütte stiegen.

Vor Beginn der ersten Etappe hatte mich Patricia dazu gebracht, meinen 15 Kilo schweren Rucksack auf zehn Kilo abzuspecken. Für mich war es die erste Hüttentour meines Lebens. Sie dagegen hatte schon Erfahrungen aus ihrer Kindheit, da ihre Eltern immer gern in den Bergen wandern gingen. Zuerst sollte ich zwei meiner wichtigsten Bücher über die Alpenflora und dann meine gesamte Kameraausrüstung inklusive meines geliebte Makroobjektivs und der Kameratasche zurücklassen. Daraufhin hing ich mir meine entkernte Kamera kurz entschlossen um den Hals, aber zumindest war der Rucksack leichter. Auch die Hälfte meines Kulturbeutels musste dranglauben. So fischte sie ein Gepäckstück nach dem anderen aus meinem Rucksack. Für mich unentbehrliche Stücke, für sie nur Ballast, der unsere Hüttenwanderungen unnötig erschweren würde. Typisch für mich, typisch für sie. Im Nachhinein betrachtet, war ich ihr bei jedem Berganstieg dankbar für die konsequente Erleichterung meines Rucksacks.

Wer solche Hüttenwanderungen kennt, weiß, wie schwierig es ist, sich dabei näher zu kommen. Gerade im Sommer geraten die kärglichen Unterkünfte zu knallvollen Massenlagern. Erst in der letzten Hütte auf rund 2200 Meter konnten wir etwas auf Tuchfühlung gehen. Das Eis war gebrochen. Danach besuchte mich Patricia regelmäßig. Die 220 Kilometer von Badenweiler im Breisgau bis nach Heidelberg machten ihr nichts aus.

Um der Pendelei bald ein Ende zu bereiten, überlegten wir, dass es doch eigentlich eine wunderbare Idee wäre, wenn Patricia als anthroposophische Ärztin in meiner Praxis mitarbeiten würde. Das Dumme war nur, dass sie aus der Alleinverantwortung in dem Sanatorium so schnell nicht herauskam, da sie ihr Team und ihre Patienten nicht von heute auf morgen im Stich lassen wollte. Das konnte Patricia moralisch und ethisch nicht verantworten. Dann schlug das Schicksal zu. Aufgrund finanzieller Engpässe kam es bei ihrem Arbeitgeber zu einer Generalkündigung. Man wollte verschlanken, das Kernteam aber hinterher wieder zu neuen Konditionen einstellen. Doch nicht mit Patricia. Die Sanatoriumsleitung war perplex, als Patricia ihre Kündigung ohne Weiteres annahm. Unaufhörlich bahnte sich die Liebe ihren Weg.

Im März 2003 fing Patricia bei mir in der Praxis an, die in der Folgezeit unglaubliche Blüten trieb und sich ständig vergrößerte. Wir versuchten, in allen Grenzbereichen die Tellerränder des Realen zu überschreiten, und studierten unter anderem intensiv die ayurvedische, chinesische und – wie immer – die anthroposophische Medizin. Wir schauten Heilern über die Schulter und fragten uns ungläubig, wie es möglich ist, dass ein Heiler wie der Brasilianer Rubens Faira ohne Narkose komplizierte Operationen durchführen kann, ohne beim Patienten irgendeinen Schmerz zu verursachen. Ich selbst ließ mir von ihm im Jahr 2010 während meiner Sprechstunde die zugewucherte linke Kieferhöhle chirurgisch eröffnen. Dabei hielt ich selbst die OP-Haken, damit Rubens den Knochen der linken Kieferhöhle aufmeißeln konnte. Nach erfolgreicher, völlig schmerzloser Operation setzte ich meine Sprechstunde ohne irgendeine Beeinträchtigung, Nachschmerzen oder Unwohlsein fort. Die Fäden aus Prolene-Kunststoff fielen nach fünf Tagen von allein ab.

Ein anderer, philippinischer Heiler namens Lino konnte negative Krankheitsenergie durch Materialisation in Blutflüssigkeit auflösen und dadurch die Selbstheilungskräfte anregen. Constanze assistierte ihm einmal einen Arbeitstag lang und berichtete von der Ungläubigkeit der Menschen angesichts dieses Phänomens. Einmal fragte jemand: »Können Sie auch mit kurzem Hemdärmel arbeiten?« Am nächsten Tag hatte Lino ein Hemd mit kurzem Ärmel an und meinte, auch dieses könne er noch ausziehen, falls gewünscht.

Wir besuchten auch Seminare des Heilers Daskalos auf Zypern. Ich nahm alle meine vier Kinder mit, um mit ihnen und Patricia die Heilung durch die Kraft der Liebe und Visualisation zu erlernen. Meine Kinder waren damals zwischen zwölf und 20 Jahre alt und äußerst wissbegierig. Sie konnten nicht genug spirituelle Erkenntnisse aufnehmen und saugten die Vorlesungen des Daskalos regelrecht in sich auf. Sie waren – wie Patricia – ausgesprochen neugierig und strebten danach, die Grenzen menschlicher Fähigkeiten zu erweitern.

Während ich meine Fähigkeiten in der Energie-, Informations- und Bewusstseinsmedizin immer weiter verbesserte, brachte Patricia ihre Begeisterung für elektromagnetische Therapieansätze in den Behandlungsalltag mit ein. Außerdem brachte sie mich Technikmuffel dazu, die gesamte Praxis sowie unseren Privathaushalt zu computerisieren. Dass wir die ersten Jahre in einer Zweizimmerwohnung hausen mussten, konnte uns nicht irritieren. Wir inspirierten uns auf eine bisher noch nicht erlebte Art und Weise. Die Dinge liefen so gut, dass es uns 2006 möglich war, ein Haus zu bauen, das mit seinem Garten und dem riesigen Teich in jeder Hinsicht unseren Vorstellungen und Visualisierungen entsprach.

Dann kam das Jahr 2007. Bauchschmerzen waren inzwischen zu Patricias ständigem Begleiter geworden. Wir hatten uns nicht viel dabei gedacht. Sie schluckte vor allem Calcium gegen die täglichen Wehwehchen. Eines Morgens waren die Schmerzen aber so schlimm, dass ich zu ihr sagte: »Du, das ist mehr als nur Calciummangel.« Ich nahm ihr Blut ab und ließ im Labor intuitiv den Tumormarker CA 153 mitbestimmen. Normalerweise liegt der bei einem Wert von unter 30. Ich traute meinen Augen nicht, als ich Patricias Wert las: 14 400. Das ist astronomisch, eigentlich undenkbar, völlig irreal. Bei 600 bis 800 sind viele Menschen bereits tot. Aber sowohl eine Verwechslung als auch ein Messfehler konnten ausgeschlossen werden. Die zweite Blutkontrolle erbrachte den gleichen Wert. Da wussten wir, dass wir es mit etwas ganz Entsetzlichem zu tun hatten, etwas, das alle Dimensionen sprengt, etwas, das wir beide noch nie zu Gesicht bekommen hatten.

Die folgenden Untersuchungen ergaben dann auch Eierstocktumore von jeweils circa zehn Zentimeter Durchmesser auf beiden Seiten. Die Ärzte empfahlen Patricia, sich sofort operieren zu lassen. Aber sie lehnte sowohl den Eingriff als auch eine konventionelle Chemotherapie ab, denn sie wusste, dass diese wiederum Krebs erzeugen kann und der Krebs noch aggressiver wird. Auch ich bin mir sicher: Hätten wir unmittelbar schulmedizinisch therapiert, hätte sie keine drei Monate mehr überlebt. Nein, so schnell wollten wir nicht mit den Hammermethoden der konservativen Medizin die Lebenserwartung verringern.

Durch unsere ganzheitliche Sicht der Dinge pflegten wir stets guten Kontakt zu verschiedenen Heilern. Wir hatten nie mit der westlichen Arroganz die Heilmethoden anderer Kulturen verlacht oder gar verteufelt, sondern sind neugierig auf deren Medizinmänner zugegangen. Und so baten wir um die Hilfe des Heilers Orbito von den Philippinen. Aber trotz seines Einsatzes wurden die Beschwerden immer schlimmer, der Bauch immer dicker und die Atmung immer beschwerlicher. So entschlossen wir uns dann doch zu einer Ganzkörper-Hyperthermie in Vollnarkose – also einem künstlichen Fieber bis 42 Grad Celsius – in Kombination mit einer niedrig dosierten Chemotherapie.

Das ist eine Methode, die mit vergleichsweise geringen Nebenwirkungen die Chance auf eine Heilung nicht ganz zunichtemacht. Jede Krebserkrankung geht mit einer Mitochondriendysfunktion der Atmungskette einher, die heute problemlos im Labor nachgewiesen werden kann. Eine Standardchemotherapie vernichtet einen großen Teil der erkrankten, aber leider auch einen Großteil der funktionstüchtigen Mitochondrien. Patricia ging es nach den anfänglichen Chemo-Hyperthermie-Behandlungen erst einmal hundsmiserabel, und ich dachte, dass sie das Gift umbringen wird. Sie war nur noch ein Schatten ihrer selbst. Wenn ich Fotos aus dieser Zeit ansehe, geht mir das noch immer durch Mark und Bein – bleich, adynamisch, stumpfe Haare, abgemagert, unendlich müde. Nur aus den Augen leuchtete noch die Kraft ihrer wunderschönen Seele. Die Schmerzen waren so stark, dass sie Tag und Nacht am Morphiumtropf hing. Die ersten vier Wochen waren sehr schlimm.

In dieser Leidensphase zogen wir zusätzlich einen kirgisischen Heiler namens Raschid zurate. Er sagte, er könne Krebs heilen. Ich brachte ihn zu Patricia, und er führte mit ihr eine sufistische Heilzeremonie in der Tradition islamischer Mystik durch. Sufismus ist ein spiritueller Bereich des Islam und arbeitet mit der geistigen Kraft der Meditation, Visualisation und Konzentration. Raschid hatte seine Gebetskette dabei, sagte Allah-Suren auf und visualisierte pustend die »bösen Geister« weg. Anderthalb Stunden dauerte das Ritual. Bis zu diesem Tag musste meine Frau starke Schmerzmittel nehmen, drei Tage danach konnte sie diese komplett absetzen. Es ging wieder bergauf!

Den Sufismus kannte Patricia aus ihren früheren Studien, daher klangen die Suren in ihren Ohren so vertraut. Sie meinte, sie müsse wohl in einer früheren Inkarnation schon einmal damit zu tun gehabt haben. Durch unsere gemeinsamen Studien der Lehren von Daskalos und der Anthroposophie waren ihr vor allem die unbegrenzte Macht des Bewusstseins und die Heilungskräfte des Christus vollkommen klar. Sie betete und meditierte mehrmals täglich und las zusammen mit ihrer Mutter, die sie während der schweren Zeit der Ganzkörper-Hyperthermie liebevoll begleitet hat, immer wieder die Vorträge von Rudolf Steiner über Christus. Besonders das Johannes-Evangelium und die Apokalypse mit Steiners Interpretation – herausgegeben von Pietro Archiati – waren ihr die wichtigsten Schriften. Stundenlang musste ihre Mutter ihr vorlesen, wenn sie nach einer Vollnarkose und

Chemo-Hyperthermie vollkommen erschöpft in ihrem Bett lag und sich vor Übelkeit nicht zu regen wagte. Halb schlief sie, halb war sie wach, aber sie verlangte nach geistiger Nahrung.

Sie empfand jede Chemotherapie, auch eine gering dosierte, als einen Angriff auf ihren Körper, besonders aber auf ihren Geist und auf ihre Seele. Sie empfand es als eine Lähmung des Willens, eine Abnahme des Denkens und eine Attacke auf das Wahrnehmen der Gefühle. Sie beschrieb das immer so: »Die Klarheit meines Denkens ist blockiert, mein Fühlen abgestumpft. Ich bin nicht mehr im Einklang mit der Natur und meinen Mitmenschen. Chemotherapie lähmt meinen Körper, meinen Geist und meine Seele.« Die beste Gegenkraft dazu war, sofort nach der Therapie geistige Nahrung und viel Liebe zuzuführen – selbst im Dämmerschlaf am Infusionstropf hängend. Mit großer Hingabe taten das unter der Woche ihre Mutter und ich an den Wochenenden. Außerdem spendete ich ihr durch unsere vielen Telefonate täglich die Kraft der Liebe.

Nachdem sie diese schweren Tage überwunden hatte und wieder aufstehen konnte, kümmerte sich Patricia voller Mitgefühl um Mitpatienten, die sich in einer ähnlichen Situation befanden. Sie machte ihnen Hoffnung und sprach ihnen Mut zu. Kleinere Beschwerden behandelte sie nebenbei mit *Scenar*, einer Methode, die ohne Nebenwirkungen in kürzester Zeit Muskelverkrampfungen und Schmerzen auflösen kann und auch weltweit in der Sportmedizin eingesetzt wird.

Ich erinnere mich sehr gut an eine spannende Situation, die Patricias Engagement und unsere Geisteshaltung exemplarisch dokumentiert. Patricia machte gerade wieder eine Therapie durch, es ging ihr aber schon wieder so gut, dass sie sich fragte, ob sie hier noch am richtigen Platz sei. Patricia bat mich, nach einer unserer Patientinnen zu sehen, die in derselben Klinik lag. Sie hatte sich ebenfalls wegen einer Krebserkrankung einer Chemo-Hyperthermie-Behandlung unterziehen müssen. Die Patientin litt unter multiplen Wirbelsäulenmetastasen mit starken Rückenschmerzen, sodass sie sich seit circa sechs Wochen nur im Rollstuhl und im Bett aufhalten konnte. Stehen und Gehen waren ihr nicht mehr möglich. Patricia besuchte sie täglich, sprach ihr Mut zu, versuchte, sie aus ihrer Verzweiflungsdepression herauszuholen, und schilderte ihr ihre persönlichen Erfahrungen.

Als ich Patricia an einem Wochenende besuchte, fuhren wir zusammen bei dieser Patientin vorbei mit keiner geringeren Absicht, als sie aus dem Rollstuhl herauszuholen. Ihr Partner, selbst Arzt, war gerade zu Besuch, und die Stationsärztin, eine Onkologin, die sich rührend um sie kümmerte, kam ebenfalls dazu. Ich begann mit einer Scenarbehandlung in Kombination mit der Quantentherapie, Patricia visualisierte Heilung, nachdem wir zuvor Christus für die Heilung gedankt hatten. Der Kollege und die Stationsärztin schauten interessiert zu. Da geschah das Wunder: Nach 15 Minuten konnte sich die Frau – auf die Hände gestützt – aus dem Rollstuhl aufrichten. Die Schmerzen hatten nachgelassen. Nach weiteren zehn Minuten stand sie frei auf beiden Füßen. Kurz danach konnte sie schmerzfrei einige unbeholfene Schritte im Zimmer auf und ab gehen. Ich schlug ihr spaßeshalber vor, es doch mal mit einem Bauchtanz zu versuchen.

Tatsächlich begann sie ganz vorsichtig die Hüften zu schwingen und die Wirbelsäule mit ungläubigem Blick völlig schmerzfrei hin und her zu bewegen – anfangs natürlich etwas ungelenk, aber halten Sie sich mal sechs Wochen nur im Bett und im Rollstuhl auf und machen dann einen Bauchtanz! Man konnte deutlich erkennen, wie sie ein inneres Glücksgefühl erfüllte. Das hatte sie schon seit langen Zeiten nicht mehr gekonnt. Ihr Partner schaute verblüfft, die Stationsärztin schüttelte den Kopf, Patricia und ich waren hocherfreut. Wir alle bestaunten dieses unglaubliche Wunder.

Ich gab der Patientin eine Vision mit: Sie solle ihren Partner in den Rollstuhl setzen und ihn fröhlich mit schwingender Hüfte durch den nahe gelegenen Park schieben. Sie solle einfach den Bewusstseins-Stiel umdrehen, die Rolle tauschen und das Krankheitsmuster auf den Kopf stellen. Sie konnte sich das sehr gut vorstellen. Diese positive Bewusstseinsänderung hielt ungefähr eine Woche an, dann begannen wieder die alten, unterbewussten Verhaltensmuster zu dominieren. Die Schmerzen kamen langsam zurück, und die Patientin setzte sich wieder in den Rollstuhl. Im Nachhinein dachte ich, man hätte diese Musterumstülpung mehrmals wiederholen müssen, um die Besserung nachhaltiger zu gestalten. Doch leider konnte ich sie nur an diesem einen Wochenende behandeln.

Doch zurück zu Patricia: Noch im Januar 2008 reichte ihre Kraft nur für eine ebene Gehstrecke von ungefähr 100 Metern. Dann steigerten wir unser Trainingsprogramm. Hatte sie es zu Fuß gerade bis zur nächsten Kreuzung geschafft, bewältigte sie nun ständig ein Stückchen mehr. Mutig stellte sie sich immer neuen Herausforderungen. Ihr erstes Ziel war, ohne Bauchschmerzen leichte Steigungen überwinden zu können. So wollte sie im Odenwald einen mäßigen Anstieg von 300 bis 500 Metern ohne Atemnot und Schmerzen gehen können. Danach wollte sie den »Weißen Stern« mit dem Fahrrad schaffen. Mit unglaublicher Willenskraft und vielen Trainingseinheiten an Stepper, Laufband, Trampolin und Fahrradergometer gelang es ihr, alle diese Ziele in wenigen Monaten zu erreichen und sogar zu übertreffen. Im August 2008 machten wir uns in die Sextener Dolomiten auf, um uns an unsere erste Reise dorthin zu erinnern. Patricia schaffte wieder Tagestouren von 2500 Metern! Und das bei den steilen Anstiegen der Sextener Dolomiten, eine schier unglaubliche Leistung. Der Tumormarker fiel und fiel, bis auf 137 im Juli und August 2008. Wir dachten: Jetzt haben wir es geschafft! Auf der rechten Seite war der Tumor bereits völlig verschwunden, und den kleinen Rest von 2,5 Zentimetern auf der linken Seite würde der Körper auch noch schaffen. Aber dann kippte es wieder.

Patricia hat unglaublich gekämpft, recherchierte tagelang im Internet, orderte ein ganzes Bücherregal umfassender Literatur über Krebserkrankung, betrachtete ihre Erkrankung von der chemischen, der energetischen, der psychischen und der spirituellen Seite. Wir beide arbeiteten uns intensiv in das Gebiet der biologischen Krebserkrankung ein, sodass uns nichts, aber auch gar nichts, verborgen blieb. Wir prüften auch alte schamanistische Behandlungsmethoden, ebenso die Quantentherapie und die Phantomchirurgie – nichts ließen wir unversucht. Alle diese Behandlungsmethoden setze ich bei meinen Patienten bis heute mit bestem Erfolg ein. Einigen haben sie das Leben gerettet. Der Aufwand dafür war enorm.

Patricia war so mit dem Bekämpfen ihres Leids beschäftigt, dass ich mich zwischendurch fragte, ob das nicht vielleicht zu viel sei. Heute, ein Jahr nach ihrem Tod, habe ich immer noch ein halbes Zimmer voll mit biologischen Medizinprodukten, Aufbaupräparaten und Nahrungsergänzungsmitteln, die Patricia bestellt und eingenommen hatte. Die Regalwände sind immer noch gefüllt mit den Büchern über Krebstherapie. Unten im Keller stehen weiterhin ihre Fitnessgeräte, und das eigens für sie angeschaffte Trampolin benutze jetzt ich in meinem Wohnzimmer. Sie hat so unglaublich viel Energie eingesetzt, um eine erfolgreiche Behandlung für sich und ihre Patienten zu finden. Ja, wir beide wollten die Heilung erzwingen mit allem, was uns zur Verfügung stand. Wir versuchten alles – außer der schulmedizinischen Reparatur.

Und nach all den Anstrengungen ging es tatsächlich wieder besser, sodass wir im Sommer 2009 wieder 2500 Höhenmeter bewältigten und im Spätherbst und sogar über Silvester wandern gehen konnten. Es zog uns ein weiteres Mal in die Dolomiten sowie auf die Kanarischen Inseln La Palma und Lanzarote. Nach unserem therapeutischen Wissen verbessert körperliches Training in Kombination mit Sonnenlicht das Immunsystem und wirkt der chronischen Erschöpfung entgegen, die häufig bei einer Krebserkrankung auftritt. So war es auch bei Patricia. Sie war voller Optimismus und strotzte vor Energie. Ihre körperliche Leistungsfähigkeit war so gut wie noch nie in ihrem ganzen Leben. Ihre strahlenden Augen begeisterten mich mehr als je zuvor. Niemand wäre auf die Idee gekommen, dass sie krank oder gar berufsunfähig war. Auf zahlreichen Fotos aus dieser Zeit ist das deutlich zu sehen.

Anfang Januar 2010 auf Lanzarote bekam Patricia wieder zunehmend Bauchschmerzen, so schlimm, dass sie die Wanderungen in die herrlichen Vulkanberge nicht mehr mitmachen konnte. Im Laufe des Januars setzten dann die Probleme mit der Verdauung ein. Der kleine Resttumor hatte vom Darm Besitz ergriffen. Wir waren uns einig, dass wir jetzt doch operativ eingreifen lassen mussten. Wir konfrontierten den Operateur mit den Einzelheiten, der Diagnose, dem Verlauf der Erkrankung und der bereits zurückgelegten Dauer. Er konnte kaum fassen, dass es Patricia noch so gut ging. Selbst drei Tage vor der geplanten Operation fuhr sie noch 40 Kilometer auf dem Fahrradergometer. Diese körperliche Kondition war die beste Voraussetzung für das Gelingen der Operation. Mental war sie ebenfalls sehr stark geworden. Ich selbst unterstützte meine Frau auf allen Ebenen ihres Seins. Dennoch tauchte in mir ein leises Gefühl auf, dieser Eingriff, den wir seit der Diagnosestellung vor über zwei Jahren immer strikt abgelehnt hatten, könnte der Anfang vom Ende sein.

Der Eingriff erfolgte im Februar 2010. Er war erfolgreich. Der Zustand meiner Frau stabilisierte sich, sie befand sich auf dem Weg der Besserung. Dann ereignete sich der Unfall. Ich nehme an, dass ihr die Tragödie einen starken emotionalen Schock versetzt hat. Sie war erstaunlich tief betroffen, mehr als ich es erwartet hätte. Sie sagte: »Ist es nicht ungerecht, dass ich jahrelang um mein Leben kämpfe, während die völlig gesunden Kinder in einem Sekundenbruchteil aus der Fülle ihres jungen und so kurzen Lebens gehen?« Vielleicht kam auch der Gedanke an den eigenen Tod wieder vermehrt hoch, jedenfalls kehrte in der Zeit nach dem Unfall ein alter Bekannter zurück: der Bauchschmerz. Er wurde häufiger und stärker. Patricia brauchte wieder Schmerzmittel. Eine Untersuchung in der Klinik ergab, dass sich Flüssigkeit im Bauchraum angesammelt hatte, die sich aber nicht entfernen ließ und die Ursache für Darmverwachsungen bildete. So wurde der Zwölffingerdarm immer enger und enger, was dazu führte, dass sie immer weniger bei sich behalten konnte. Sie erbrach jeden Bissen, nichts blieb im Magen. Täglich legte ich ihr Infusionen, um den Flüssigkeitsbedarf zu decken und die Medikamente zuzuführen. Die Schmerzen wurden immer unerträglicher.

Sehr hilfreich waren in dieser Zeit die ayurvedischen Massagen und die Heilbehandlungen von Birgit Bonk, die unglaubliche Entspannung, deutliche Schmerzreduktion und Energiestärkung damit erzeugen konnte. Meine Frau Patricia liebte Frau Bonk mit ihren begnadeten Händen. Sie genoss sichtlich ihre Behandlungen und sehnte sich mehrmals in der Woche danach. Dennoch blieb der Magen wie zugeschnürt. Jegliche Heilungsimpulse auf körperlicher, seelischer und geistiger Ebene blieben ohne erkennbaren Erfolg. Ich musste meine Frau wegen andauernden Erbrechens wieder in eine Münchner Klinik zur künstlichen Ernährung und zur Schmerzbehandlung bringen.

Sobald ihre eigenen Schmerzen erträglicher waren, kümmerte sie sich sofort wieder um andere Schmerzpatienten auf der Frauenstation. Vor vielen meiner Besuche telefonierte sie mit mir: »Ich habe für morgen eine ganz liebe Frau auf mein Zimmer einbestellt, die tut mir so leid, sie hat solche Schmerzen, und nichts hat bisher geholfen. Kannst du nicht mal nach ihr sehen, wenn du da bist?« So bestellte sie einmal die Putzfrau mit chronischen Rückenschmerzen, ein anderes Mal eine Krankenschwester der Klinik zur Behandlung ein. Natürlich war ich immer bereit, etwas für diese Menschen zu tun. Denn es gibt nichts Erfüllenderes im Arztberuf, als Menschen zu helfen. Patricia war nach solchen Behandlungen immer glücklich. Für sie war es die Erfüllung als Ärztin, den Hilfe suchenden Menschen mit Wärme, Empathie und Liebe zu begegnen und dadurch Heilungsimpulse zu geben. Solche Begegnungen ließen sie ihr eigenes Leid vergessen. Sie stärkten ihre Willenskräfte und motivierten sie, so bald wie möglich wieder in ihrem geliebten Beruf zu arbeiten.

Wir behandelten immer in Verbindung mit spirituellen Methoden und spürten, dass wir die Behandlung als ein Geschenk aus der geistigen Welt ohne Honorar geben sollten. Und es gelang bei jeder dieser Behandlungen, den Frauen ihre Schmerzen »wegzuzaubern«. Einmal lag eine junge Patientin schon seit zehn Tagen wegen anhaltender heftiger Unterbauchschmerzen in der Klinik, die nach einem gynäkologischen Eingriff aufgetreten waren. Sie wartete sehnsüchtig auf ihre Entlassung – und ihre kleine Firma wartete dringend auf ihre Chefin. Patricia unterstützte diese Behandlung mit ihrer kreativen Visualisierung, und so war die Patientin innerhalb von 25 Minuten völlig schmerzfrei. Überglücklich ließ sie sich sofort – da beschwerdefrei – aus der Klinik entlassen. Solche Erlebnisse gaben meiner Frau die Kraft, die eigenen Schmerzen eine Zeit lang zu vergessen und ihre Krankheit geduldig zu ertragen.

Aber Patricias Schmerzen ließen nicht nach, sondern nahmen weiter zu. Da hat man sie wieder aufgeschnitten und entdeckt, dass die Bauchdecke und die Darmschlingen in extremem Maße miteinander verwachsen waren. Bei der ersten Operation im Februar hatte man das Bauchfell entfernt. In der Folge bildeten sich diese enormen Verwachsungen, die als Erstes chirurgisch gelöst werden mussten, um an den Darmverschluss herankommen zu können. Die Münchner Chirurgen mussten nach mehreren Stunden die Operation erfolglos abbrechen. Das Einzige was nun übrigblieb, waren die künstliche Ernährung und die Schmerztherapie. Die Schmerzmittel führten dazu, dass sich ihre Tumorkrankheit in kürzester Zeit wieder erheblich verschlimmerte. Uns beiden war nun klar: Ändert sich die Situation jetzt nicht noch einmal, ist Patricias Übergang, also ihr Tod, nur noch eine Frage der Zeit.

Und so kam es dann auch: Wachsende, kumulierende Morphiumgaben ließen sie Schritt für Schritt aus dem Körper heraus- und hinübergehen. Doch trotz höchster Dosierung war ihr Geist in dieser Zeit klar und präsent. Und solange sie nur denken konnte, half sie bei der Korrektur meines Buches »Der Quanten-Code«. Dieses Buch ist für mich ihr schönstes Vermächtnis. Sie begleitete es in der schwersten Zeit ihres Lebens bis kurz vor ihren Tod mit ihren Gedanken. Ihr und mein Ziel war, die moderne Bewusstseins-Quantenphysik mit den Wahrheiten des neuesten Mysteriums der Menschheit, dem Christusimpuls, zu verbinden. Die in dieser Phase unvermeidlichen Schmerzmittel taten in tragischer Weise zunehmend ihre zweifache Wirkung: Sie reduzierten einerseits die unerträglichen Schmerzen und anderseits beschleunigten sie exponentiell das Fortschreiten der Tumorerkrankung. Sie wirkten maximal schädigend auf die gestörten Atmungsketten in den Mitochondrien, deren Fehlfunktion eine kausale Ursache von Krebs ist.

Zum Schluss erklärte Patricia sich sogar dazu bereit, die Klinik Bogenhausen in München, in der sie sich sehr wohl fühlte und für deren gute Betreuung sie sehr dankbar war, zu verlassen. Sie wollte in eine Palliativklinik wechseln, die sich auf Sterbebegleitung spezialisiert hat. An dem Morgen, an dem sie verlegt werden sollte, starb meine Frau.

Tags zuvor war sie bereits in einem Zustand, der mir klarmachte, dass sie sehr bald gehen würde. Die Atmung wurde tiefer, das Leuchten der Augen nahm ab und ging immer mehr nach innen. Und wir erlebten die letzte Art direkter Kommunikation: Ich sprach sie an, sie erkannte mich, ihre Augen schauten mich voller inniger Liebe aus unendlichen Weiten groß an, aber ihre Lippen konnten keine Worte mehr formen. Der Körper war zu schwach. Ich wusste, dass ihre Seele und ihr Geist auf dem Wege waren, endgültig den geschundenen Organismus zu verlassen. Bis eine Stunde vor ihrem Übergang war ich bei ihr in der Klinik. Mit dabei waren meine Tochter Mara, ihr Freund und Patricias Eltern. Patricia war nun schon seit über 20 Stunden dabei, zu gehen, doch etwas hielt sie mit starker Kraft zurück. Es muss halb fünf Uhr in der Nacht gewesen sein, als mich das innere Gefühl überkam, das Zimmer verlassen zu müssen. Ich wusste, nur wenn ich gehe, kann auch sie gehen. Mara und ich waren noch keine Stunde weg, als mein Handy klingelte. Es waren Patricias Eltern. Sie teilten mir mit, was ich schon mit absoluter Gewissheit wusste: Eine wunderbare gemeinsame Zeit auf diesem Planeten war zu Ende gegangen. Vor neun Jahren hatten wir uns auf dieser dreidimensionalen Ebene der irdischen Illusion getroffen. Schon lange zuvor hatten wir uns in den Dimensionen des geistigen Lebens, in dem wir als Geistseele weilen, versprochen, in diesem irdischen Leben unser gemeinsames Karma zu erfüllen. Was genau ich damit meine, werden Sie nach dem vierten Kapitel verstehen.

Ich möchte Ihnen, liebe Leser, am Ende dieses Kapitels noch erzählen, womit sich meine Frau in den letzten Tagen und Wochen ihres Lebens beschäftigt hat. Denn die Motivation, die Patricia in der Krankenhauszeit zeigte, halte ich für sehr wichtig. Gerade auch im Hinblick auf den Kern dieses Buches. Sie kann Trost und Hoffnung sein für alle Menschen, die am Rand ihres Lebens stehen. Was wollte meine Frau am Ende noch? Worauf hatte sie Lust? Wonach strebte sie? Was hatte für sie die größte Bedeutung? Ihr ging es darum, alles über Christus zu erfahren und in sich aufzunehmen. Jeder, der sie an ihrem Bett besuchte, musste ihr aus verschiedenen Büchern über das Wesen und das Wirken des Christus vorlesen. Sie konnte gar nicht genug über ihn wissen. Sie hörte aufmerksam zu, gab zwischendurch Kommentare dazu ab, an denen jeder ihre geistige Präsenz und ihre Klarheit erkannte. Häufig formulierte sie mit klarstem Denken: »Ich möchte alles über Christus wissen. In ihm sind die Wahrheit und das Leben.« Mit diesem Bewusstsein ging sie in innerem Frieden zurück in die geistige Welt.

Die letzten 14 Tage waren eine besonders große spirituelle Schulung für sie, genau wie für die Besucher und Vorleser. Patricia war immer bewusster geworden, dass das Wichtigste, zu dem wir in unserem Leben kommen können, die Verbindung zu Christus ist. Warum sie das so oft schon Jahre vor ihrer Krankheit immer wieder erwähnte, konnte ich damals noch nicht richtig einordnen. Erst nach der Diagnosestellung ihrer Krankheit fiel es mir wie Schuppen von den Augen. Während ihrer Krankheitszeit haben wir die Zusammenhänge und den geistigen Hintergrund der Schöpfung noch intensiver studiert. Wir wollten unbedingt unser Wissen und unsere Erkenntnisse vermehren und Weisheiten erlangen.

Heute bin ich mir absolut sicher: Je mehr wir über Jesus Christus aufnehmen und uns bemühen, sein Wirken in der materiellen Welt zu verstehen, umso klarer und deutlicher kann unser bewusstes Ich im Leben nach dem Tod seine wahre kosmische Dimension erkennen. Damit kommt es in Sphären von Weisheiten an, von denen ein unbedarfter Mensch auf Erden keine Ahnung hat. Doch jeder kann von diesen Weisheiten erfahren. Sie haben ungeheuere Auswirkungen auf die Gedankenkraft und das Ich-Bewusstsein eines jeden Menschen und damit auf das eigene Schicksal und das persönliche Karma sowie auf das Schicksal der gesamten Menschheit und das Schicksal der Erde.

Bevor ich darauf im vierten Kapitel näher eingehe, will ich Ihnen im nun folgenden Abschnitt schildern, wie ich gelebt habe und wie man mir begegnet ist, nachdem drei meiner liebsten und engsten Verbündeten aus der materiellen

Welt der Illusion in die geistige Welt gegangen sind. Es soll nun um Trauer gehen, zwei verschiedene Formen von Trauer, aber verbunden mit einer klaren und bewussten Erkenntnis: Die, die gingen, sind weiterhin stets bei und in mir.

3 DIE KRAFT – ICH BLEIBE

Meine Reaktion auf die einschneidendsten Nachrichten meines bisherigen Lebens entspricht sicher nicht dem Mainstream. Würde ich mich nur nach dieser Matrix richten, hätte ich dieses Buch nicht geschrieben. Aber natürlich habe auch ich ein beträchtliches Maß an Trauerarbeit hinter mir, musste trösten, musste weinen, musste meinen Gefühlen freien Lauf lassen. In den Augenblicken, in denen ich dieses Buch schreibe, erlebe ich jene Ereignisse noch einmal – als wären sie eben erst geschehen. Nichts geht in der Erinnerung verloren, alles ist in der Akasha-Chronik präsent. Jede Emotion und jeder Gedanke ist gespeichert und lässt die damaligen Ereignisse mit voller Wucht noch einmal aufleben. Zu meiner emotionalen Trauer kamen allerdings einige elementare Dinge, die recht ungewöhnlich sind. Sie werden sie kennenlernen. Sie werden die Quellen meines Trostes und damit vielleicht auch die Quellen Ihrer Tröstung kennenlernen.

Die ungehemmte Trauer begann am Tag des Unfalls. Vom Nachmittag bis spät in die Nacht kamen wir alle zusammen, auch meine erste Frau saß bei uns im Wohnzimmer. Zum ersten Mal brachen die Emotionen frei heraus. Auch ich begegnete der ersten Unfassbarkeit mit Gefühlen, ich stellte Fotos von Constanze und Deborah auf, die sie in der Blüte des Lebens zeigen. In unfassbarer Trauer blickten wir sie immer wieder still an, in Erinnerungen an die Gefühle aus vergangenen Erlebnissen versunken. Wie fühlten uns verloren, wie in einer anderen Welt der großen Leere. Ein Teil des eigenen Selbst war weggebrochen, einfach nicht mehr da. Bilder von gemeinsamen Erlebnissen aus früher Kindheit und Lebenszeit tauchten wie in einem Panorama auf und ließen die mit ihnen erlebten Gefühle – Sorgen, Ängste, Freuden und Liebe – wieder hochkommen.

Schweigend und unendlich traurig hing jeder diesen Erinnerungen nach und trauerte gleichzeitig um die für die Zukunft geschmiedeten Pläne. Deborah wollte in Berlin mit Alma ein Ballkleid für den anstehenden Abi-Ball aussuchen, Constanze mit Mara nach dem bestandenen Medizinexamen eine Reise in den Oman machen, ich mit allen vier Kindern in diesem Sommer eine Bergwanderung unternehmen. Und nun – mit einem Schlag – so ein plötzlicher, unfassbarer, totaler Verlust. Ständig kamen Fragen hoch: Warum musste dieser Unfall geschehen? Warum so weit weg? Wieso mussten die beiden so früh aus ihrem noch nicht gelebten Leben scheiden? Wenn es keinen Zufall gibt, reichte die kurze Spanne ihrer Jahre aus, in diesem Leben genügend Erfahrungen für ihre geistige Evolution zu sammeln? Was hatte ihr Leben auf der Erde für einen Sinn? Haben sie möglicherweise wichtigere Aufgaben auf anderen Seinsebenen zu erfüllen, die wir nicht kennen? Es wollte uns einfach nicht in den

Kopf, dass Constanze und Deborah nicht mehr da waren, unwiederbringlich aus unserem gemeinsamen Erdenleben verschwunden.

Das Ego rebellierte gewaltig. Mit voller Wucht traf mich die Erkenntnis, dass wir in unserem Ego nicht nur wir selbst sind, obwohl wir uns in unserem Ego-Bewusstsein ständig so sehen. Nein, die anderen Menschen um uns herum definieren uns durch ihr eigenes Ego-Bewusstsein. Besonders die Menschen, die wir lieben und die uns sehr nahe stehen, aber auch Lehrer, Freunde oder Feinde. Es ist der soziale Kontext, der mich als Mensch in den verschiedenen Rollen zu meiner derzeitigen Persönlichkeit macht. Im Laufe eines Kinderlebens wechseln diese Rollen. Mal bin ich Vater, Ernährer, Erzieher, Arzt oder spiritueller Lehrer, aber immer bin ich ein Lernender. Kinder kommen als reife Seelen und erziehen ihre Eltern. Sie machen das aus übergroßer Liebe bis zur Aufopferung ihres eigenen Lebens mit Geduld und Charme. Bei solchen Erziehungsmustern entstehen liebe Gewohnheiten, die dem Leben große Sicherheit verleihen und das Ego stabilisieren. So eine Matrix verankert sich in einer Familie sehr stark.

Wird diese Verankerung nun plötzlich gelöst, fehlt uns einer unserer Bezugspunkte, und wir fühlen diesen Sog, dieses Loch. Schnell war mir klar, dass ich mich da nicht hineinziehen lasse. Dagegen musste ich mich wehren. Ich hatte ja immer noch die Verantwortung für meine zwei anderen Kinder und für meine Ehefrau, die angesichts ihrer lebensbedrohlichen Erkrankung meiner vollen Unterstützung bedurfte. Ich konnte nicht mit untergehen! Ich konnte mich nicht der Trostlosigkeit und dem Mangel ergeben.

Und was hätten meine Patienten gesagt, wenn ich sie im Stich gelassen hätte? Viele behandle ich schon in der dritten Generation. Sie haben ein so großes Vertrauen zu mir und meiner Behandlung gewonnen, dass ich sie einfach nicht enttäuschen kann. Viele habe ich durch die Katastrophen des Lebens begleitet und wieder Mut gemacht. Diesen Mut brauchte ich nun selbst – und ich würde ihn auch finden. Ich habe Verständnis für alle, denen das nicht gelingt und die mit ihren Angehörigen fortgerissen werden. Ich jedoch entschied mich für einen positiven Weg. Für den Weg, das Phänomen des Todes tiefer als bisher zu durchleuchten, ihm den Schrecken zu nehmen und in Zuversicht zu wandeln. Diese Erkenntnis wollte ich weitergeben, erst an meine Familie, jetzt an Sie.

Mara blieb noch zwei Tage in Südafrika. Ich versuchte, sie in langen Telefonaten stabil zu halten. Vor Ort erfuhr sie zudem sehr gute emotionale Unterstützung von ihrer Freundin, die sie mit ihrem großen, mitfühlenden und Trost spendenden Herzen umsorgte. Zusätzlich hatte sie noch liebe Freunde in Südafrika, die sich rührend um sie und die vielen formalen Dinge kümmerten. Auch völlig unbekannte Menschen kamen spontan auf sie zu, drückten ihr eine Visitenkarte in die Hand und sagten: »Wenn du etwas brauchst, wir sind jederzeit für dich da, ruf einfach an.« Sie vermittelten ihr Mitgefühl in einer wahren Welle spontaner Hilfsbereitschaft.

Zu Hause in Heidelberg ließen wir die erste emotionale Trauer zu. Trauer ist wichtig. Besonders meine jüngste Tochter Alma leiden zu sehen bewegte mich zutiefst. Aber ich hielt es für genauso wichtig, schnell zusätzliche Impulse zu geben – einen Impuls der Hoffnung, einen Impuls des Glaubens an die Weisheit des Karmas, einen Impuls sich weiterhin in die Fülle der Schöpfung zu stellen, einen Impuls der Zuversicht und Hoffnung für das eigene Leben. Das tat ich, indem ich vorlas und erklärte. Die Quelle, aus der ich schöpfte, war zuallererst das Johannes-Evangelium. Darin bestand der Hauptteil der Trauerarbeit: lesen, zuhören, darüber reden. Und zwischendurch immer wieder leiden, sich in den Arm nehmen und gemeinsam leiden. Es war eine sehr intensive Zeit, in der wir uns gegenseitig Kraft gaben und uns der tiefen Liebe in der Familie sehr stark bewusst wurden. Erschüttert erkannte ich, dass der Tod in Wahrheit zu einem Geschenk der höchsten Liebe werden kann. Ein Ausdruck der höchsten Liebe ist das Licht. »Solange ihr das Licht habt, glaubt an das Licht, damit ihr Söhne (Töchter) des Lichtes werdet« (Joh 12,36). Der Glaube an dieses Licht war ein großer Trost für meine Familie und half, die Trauer tragen zu können. Aber warum las ich meiner Familie nun gerade aus dem Johannes-Evangelium vor? Das Johannes-Evangelium stellt – im Gegensatz zu den anderen Evangelien, die den Menschensohn Jesus stärker hervorheben – den Gottessohn, den kosmischen Geist Christus, in den Mittelpunkt. Dadurch bietet das Johannes-Evangelium hohe geistige Erkenntnis.

Ich rezitierte daraus eine bestimmte Stelle, eine der wichtigsten Stellen der Bibel überhaupt: das hohepriesterliche Gebet! Christus selbst spricht es in Jerusalem, bevor er gefangen genommen und gekreuzigt wird. Die Worte, die er an seinen Vater richtet, sind nicht weniger als sein Vermächtnis. Denn darin sagt er, woher er kommt, wohin er geht und was er uns gegeben hat. Das hohepriesterliche Gebet finden Sie im 17. Kapitel des Johannes-Evangeliums, Vers 1 bis 5. Emil Bock übersetzt es so:

»Väterlicher Weltengrund, die Stunde ist gekommen; offenbare deines Sohnes Wesen, damit dein Sohn dein Wesen offenbare. Du hast ihn zur schaffenden Kraft gemacht in allen irdischen Menschenleibern, damit er allen, die durch dich zu ihm kamen, das wahre Leben verleihe. Das aber ist das wahre Leben, dass sie dich erkennen als den wahrhaft einigen Weltengrund und Jesus Christus als den, den du zu ihnen gesandt hast. Ich habe auf der Erde dein Wesen geoffenbart und das Werk vollendet, das du mir zu tun auferlegt hast.«

Solche Texte habe ich in den Stunden der Trauer in verschiedenen Übersetzungen mit meinen Kindern durchgearbeitet, besprochen und erklärt. Besonders die Bedeutung des siebten Verses habe ich ihnen nahegebracht. Darin steht (Neues Testament, Ogilvie):

»Nun haben sie erkannt, dass alles, was Du mir gegeben hast, aus Dir ist. Denn die *Gedankenkräfte, die Du mir gegeben hast,* habe ich ihnen gegeben, und sie haben sie aufgenommen und in Wahrheit erkannt, dass ich von Dir ausgegangen bin (...)«

Mir kam es darauf an, dass sie erkennen, dass die Gedankenkraft des Vaters das größte Geschenk ist, das wir Menschen mit unserem Geist benutzen können: Es ist das kreative Potenzial unseres Bewusstseins, das all das erschafft, was wir mit unseren Gedanken erzeugen. Was nicht heißt, dass alle Menschen dieses Potenzial auch tatsächlich nutzen. Solange sie es nicht gebrauchen, bleibt es nur ein Potenzial, ein Talent ohne Wirksamkeit.

Und noch zwei weitere Passagen waren mir in diesen Momenten besonders wichtig: »Und nun, väterlicher Weltengrund, *lasse du mein Wesen offenbar werden in dem Lichte, das mich bei dir umstrahlte, ehe die Welt noch bestand ...*« (Joh 17,5) Und: »Und all das Meine ist Dein, und das Deine ist mein, und *mein Wesenslicht leuchtet in ihnen (...)*« (Joh 17,10).

Ich saß da auf dem Sofa und dachte: »Jetzt machst du hier 'ne theologische Vorlesung, obwohl du von der Standardtheologie wenig weißt.« Ich erklärte meinen Kindern und deren Freunden, die in den folgenden Tagen dazustießen, was ich unter dem »Offenbarwerden in dem Lichte« verstehe. Ich erklärte diese Aussage mithilfe neuer Erkenntnisse aus der Quantenphysik.

Ich führte aus, dass in der modernen Quantenphysik die Welt nicht mehr objektiv oder relativ gesehen wird, sondern subjektiv in Abhängigkeit vom Beobachter. Nach den Gesetzen der Quantenverschränkung sind wir mit allem verbunden. Es gibt keine Welt der Trennung. Wenn Paulus im Korintherbrief schreibt »Alles ist in allem«, dann meinte er das Gleiche wie der Physiker Erwin Schrödinger in seiner mit dem Nobelpreis gekrönten Wellengleichung: Materie besteht aus Schwingungen, und alle Schwingungen bestehen aus Informationen, die sich unendlich schnell im Kosmos ausbreiten und überall gleichzeitig vorhanden sind. Warum diese Schwingungen da sind und woher sie kommen, kann die Physik allerdings nicht erklären. Hier stößt sie eindeutig an ihre

Grenzen. Schon in den alten Weisheiten bezeichnete Pythagoras die Schwingungen der Schöpfung als Sphärenmusik des Göttlichen, und auch Johannes Kepler beschrieb sie so.

Seit 1993 wissen wir, dass wir circa drei bis fünf Prozent davon als sichtbare Materie mit unserer »Glaskugeloptik«, also unseren Augen, erkennen. Stellen Sie sich das einmal vor: Eigentlich müsste uns jeder Augenarzt warnen, dass wir nur fünf Prozent Sehfähigkeit haben! Wie blind müssten wir uns doch eigentlich vorkommen! Der materiellen Wissenschaft aber dienen diese fünf Prozent sichtbare Materie als alleinige Erkenntnisbasis für die Naturphänomene. Es wird behauptet, damit alles messen zu können. Und was nicht messbar ist, das gibt es nicht. Dazu sagte bereits Albert Einstein: »Es ist durchaus möglich, dass sich hinter unseren Sinneswahrnehmungen ganze Welten verbergen, von denen wir keine Ahnung haben.«

So machte ich meinen trauernden Theologie- und Quantenvorlesungszuhörern klar, dass es für 95 Prozent der Phänomene keine sinnliche Wahrnehmbarkeit gibt und die Naturwissenschaft dazu keine grundsätzlichen Aussagen machen kann. Wir benötigen für erweiterte Erkenntnisse die Wissenschaft des Geistes. *Nur Gleiches kann mit Gleichem erkannt werden. Materie erkennt Materie, Geist erkennt Geist. Bewusstsein ist eine Tätigkeit des Geistes. Selbstbewusstsein entsteht, wenn der Geist sich selbst wahrnimmt.*

Der Physiker Max Planck sagte schon 1905 bei einem Vortrag in Bologna, dass die Materie nicht aus Materie besteht, sondern ein geistiges Wesen die Ursache sein muss. »Denn die Materie bestünde ohne den Geist überhaupt nicht – sondern der unsichtbare, unsterbliche Geist ist das Wahre.« Was für ein Satz! Leider ist dieser Teil der planckschen Erkenntnis weitgehend unbekannt.

Die Quantenphysik hat erkannt, dass die Materie aus elektromagnetischen Schwingungen besteht. Die Quelle dafür sind die Schwingungen des sichtbaren oder auch unsichtbaren Lichtes. Woher kommen die Schwingungen des Lichtes? Die Antwort liegt im schöpferischen Potenzial, dem Potenzial Ihres eigenen Geistes! Denken Sie wieder einmal an die Bibel. Was wird dort als Urgrund der gesamten Schöpfung angegeben, wenn es heißt: »Am Anfang war das Wort (...) in ihm war das Leben und das Leben war das Licht der Menschen (...)« (Joh 1)? Sie verstehen nun die wahre Bedeutung der Übertragung der Gedankenkräfte durch Christus. »Das schöpferische Wort drückt sich über die Schwingungen der bereits erwähnten »kosmischen Sphärenmusik« aus. Und Ihre eigene schöpferische Gedankenkraft »musiziert« mit. Die hörbare Musik ist nur ein winzig kleiner Abklang und das sichtbare Licht ein fünfprozentiges Abbild des göttlichen Schöpferworts.

Können Sie allmählich nachvollziehen, warum die Naturwissenschaft der äußeren Erscheinungen nur ganz bescheidene Aussagen über die innere Ursache der Schöpfung machen kann und gegenüber dem Phänomen von Leben und Tod völlig aufgeschmissen ist? Rudolf Steiner drückt das so aus: »Überall, wo uns die Welt entgegentritt, ist sie in Wahrheit geistig und physisch, und es gibt nirgends ein Physisches, das nicht hinter sich in irgendeiner Weise als den eigentlichen Akteur ein Geistiges hätte.«

Meine Kinder und deren Freunde verstanden diese Zusammenhänge sofort. Sie verstanden auch, dass alles, was existiert, aus Licht geschaffen ist. Und woher kommt das Licht? Rudolf Steiner schreibt dazu: »Der äußere Ausdruck des Göttlichen ist die Liebe, der äußere Ausdruck der Liebe ist das Licht.« Die Quantenoptiker kamen dahinter, dass der äußere Ausdruck des Lichtes die Materie ist. Warum gelang dem Physiker Anton Zeilinger 1997 die erste Teleportation – also eine Fernübertragung von Licht-Quanteninformation – ausgerechnet mit Photonen? Photonen sind Träger des Lichtes!

Die erkennbaren materiellen Prozesse des Denkens und Fühlens in unserem Gehirn, dem Wahrnehmungsorgan für geistige Informationen, sind so unglaublich genial vernetzt, dass sie nur mit den Gesetzen der Quantenphysik annähernd erfasst werden können. Hier ist die alte mechanische Physik längst an ihrem Ende angekommen. Ohne die Erkenntnisse der Geisteswissenschaft kann die Quantenphysik jedoch nicht die letzten Geheimnisse unseres Körpers lüften. Genau wie unser Gehirn sind natürlich auch der menschliche Körper und seine Lebenskraft aus Licht aufgebaut. Sie wissen bereits, die Quelle dieses Lichtes ist das Licht des Welt-Schöpfungsworts. »In ihm war das Leben und das Leben war das Licht der Menschen.« Der Träger des Welt-Schöpfungswortes ist Christus, der uns noch dazu mit dem Wesenslicht des Vaters »verklärt« hat.

»Puh, was heißt das denn schon wieder?«, mögen Sie jetzt denken. Als meine Kinder mich dies fragten, musste auch ich in meiner unkonventionellen »Vorlesung« passen. Darüber hatte ich bisher nichts wirklich Fundiertes in Erfahrung bringen können. Mittlerweile bin ich aber darauf gekommen. In einem seiner Vorträge erklärte Rudolf Steiner die »Verklärung« von Christus auf dem Berge. In seinen Vorträgen zum Lukas-Evangelium (9,29) beschreibt er, wie sich zwei Männer, Moses und Elias, im Offenbarungslichte mit Christus zeigen. In diesem Lichte der Offenbarung – oder eben der Verklärung – konnten diese zwei Gestalten aus verschiedenen zeitlichen Epochen zusammen mit Christus den Jüngern sichtbar werden. Diese Geschichte aus der Bibel muss wortwörtlich verstanden werden, genau wie die Bibel absolut wörtlich, das heißt Wort für Wort, im *Zusammenhang mit ihrer wahrhaftigen Bedeutung* verstanden werden kann. Das funktioniert nicht mit oberflächlicher Wortklauberei. Es liegt nur an der begrenzten theologischen Begrifflichkeit unseres Zeitgeists, dass eine so weisheitsvolle Schrift relativiert oder Wort für Wort ohne tieferen Bedeutungszusammenhang interpretiert wird. Zukünftige Generationen werden dank der geistigen Evolution diese Schrift wieder besser verstehen und über die Beschränktheit des vorhergehenden Zeitgeists milde lächeln können.

Wir wissen heute aufgrund der Erkenntnisse der modernen Quantenphysik, dass die Welt so ist, wie wir sie sehen. Das heißt, die Beobachtungen der äußeren Erscheinungen sind abhängig vom Beobachter. Raum und Zeit sind nicht fixiert. In der Bibel bedeutet die gleichzeitige Sichtbarkeit von Moses und Elias, dass es auf der Ebene des Geistes weder Zeit noch Raum gibt. Steiner kommentierte das so: »Er [Christus] wurde von innen heraus leuchtend, und Moses und Elias schwebten zu beiden Seiten von ihm. Die Jünger erhielten damals bedeutende Offenbarungen. Die Zeit war aufgehoben, die Vergangenheit wurde gegenwärtig.« Ich wiederhole noch einmal zum besseren Verständnis:

- In der *physischen* Welt gibt es Raum und Zeit
- In der *seelischen* Welt gibt es nur die Zeit, keinen Raum
- In der *geistigen* Welt gibt es weder Raum noch Zeit

Bei der biblischen Verklärung im Licht erlebten die Jünger zum ersten Mal die Raum-Zeitlosigkeit. Dadurch wurde ihnen die Welt des Geistigen bewusst, und sie wurden zum geistigen Schauen fähig. Heute würde man sagen, dass sie ihre physische Optik erweitert haben und in höhere Dimensionen des unsichtbaren Lichtes vorgedrungen sind. Dadurch konnten sie die Fünf-Prozent-Blindheitsgrenze unserer Sinneswahrnehmung überwinden und mehr von der wirklichen Wirklichkeit erfahren. »Wirkliche Wirklichkeit« bedeutet: **Die göttliche Liebe offenbart sich im Licht, das Licht manifestiert sich in Materie.**

Von unseren begrenzten Sinneswahrnehmungen wählt unser Bewusstsein einen Bruchteil an Informationen aus und gibt ihnen eine Bedeutung. Und nur das, was von uns eine subjektive Bedeutung erhält, nimmt unser Bewusstsein zur Kenntnis. Dies ergibt die »wahrgenommene Wirklichkeit«. Sie färben wir mit unseren Gewohnheiten und nennen das dann Realität. Das heißt: Die Welt ist so, wie wir sie sehen. Je nach Ihrem Gefühl ist das Glas Wasser halb voll oder halb leer. Diese Sprache verstanden meine Kinder und deren Freunde. Sie verstanden auch, dass das *Wort* bei Christus eine andere Wirkung hat als das von Menschen gesprochene. So nahmen sie den Evangelisten Johannes (8,51) mit tiefster Klarheit auf: »Wenn jemand mein *Wort* in sich wirken lässt, wird er keinen Tod mehr sehen in diesem Zeitenkreis.« In ihrem Inneren wuchs die Sicherheit:

- **Wir sind unsterblich**
- **Wir sind aus Licht geformt**
- **Unser Körper ist manifestiertes Licht**
- **Unsere Seele befindet sich außerhalb von Raum**
- **Unser Geist befindet sich außerhalb von Raum und Zeit**
- **Unsere Schwestern sind beide jenseits von Raum und Zeit immer gegenwärtig**

Aus diesen Vorlesungen entwarf ich auch den Spruch für die »Auferstehungsfeier« meiner verstorbenen Kinder. Ich möchte Ihnen diesen nicht vorenthalten. Damals ließ ich fast 1000 Exemplare mit dem Bild meiner Töchter drucken und an die Freunde und Anwesenden verteilen. Sie dürfen ihn gern weiterverwenden, wenn er Ihnen gefällt. Im Geistigen gibt es keine Trennung und keine Patente. Im Geiste sind wir alle raum- und zeitlos miteinander vereint. Der Spruch lautet:

Kinder des Lichtes

Danke für die Fülle eurer Liebe,
die unser Herz erwärmt.

Danke für die Strahlen eures Lichtes,
das unseren Geist erhellt.

Im wärmenden Herzen vereint,
im lichten Geist verbunden,

fühlen wir in unserem Herzen,
sehen wir in unserem Geiste

das leuchtende Christus-Licht
in eurem immerwährenden Leben.

Auf der Dankeskarte ließ ich den Ihnen bereits bekannten Spruch aus Joh 12,36 drucken: *»Solange ihr das Licht habt, glaubt an das Licht, damit ihr Töchter des Lichtes werdet.«*
Wir arbeiteten auch in den nächsten Tagen noch an unserer Trauer auf diese Weise weiter. Während dieser »Vorlesungen« haben wir außerdem viel in den Schriften von Rudolf Steiner gelesen und darüber gesprochen. Seine Worte, dass »der Tod die andere Seite des Lebens« sei, aber auch sein Spruch »Licht ist der physische Ausdruck für die Weisheit, Wärme und für die Liebe« waren für uns besonders hilfreich.
Diese tiefe Sehnsucht nach Erklärung, einer höheren Erklärung für diesen Verlust, ging so weit, dass ich mich selbst auf die Schippe nahm. Ich kokettierte ein wenig, indem ich meine Familie und die Freunde täglich zum »Crashkurs in spiritueller Quanteneinweihung« einlud. Ich las, hörte mir ihre Fragen an und erklärte. Die Botschaft verstanden sie alle, denn die Basis war ja über all die Jahre gelegt worden. Wir wussten, dass es eine geistige und eine physische Welt

gibt, dass wir alle aus der geistigen Welt kommen, vorüber-
gehend in der physischen Welt leben und wieder in die geistige Welt gehen und dass die geistige Welt stets um uns herum
vorhanden ist – dass wir uns mitten in ihr befinden. Uns war
allen klar, dass Constanze und Deborah nicht weg sind, sondern weiter bei uns.

Genau das können sich die meisten Menschen nicht vorstellen: Der Geist der Verstorbenen ist jetzt überall, anstatt
für immer an einem anderen Ort. Warum klingt diese These
so fremd? Unsere Kultur wird geprägt und geleitet von den
Wahrnehmungsmöglichkeiten unserer Sinnesorgane, die nur
auf die lokalen Erscheinungen der Materie gerichtet sind.
Aber sind das Sehen, das Fühlen, das Hören, das Schmecken
und das Riechen nicht mit dem Tod verschwunden? Ist nicht
das Anfassen, das In-den-Arm-Nehmen, das In-die-Augen-
Schauen, die ganze physische Wahrnehmung einfach weg?
Selbst mit dem Handy oder per E-Mail bekommt man keinen
Kontakt mehr mit denen, die gegangen sind. Ja, aber ist damit der ganze Mensch verschwunden? Nein, unsere Körper-
instrumente mögen zwar weg sein, Geist und Seele bestehen
aber fort – auch wenn sie in einer nicht lokalen Welt sind.

In den ersten Tagen und Stunden nach dem Übergang
können Geist und Seele im Umfeld der Trauernden für Phänomene sorgen, die gemeinhin als »übernatürlich« bezeichnet werden. Ich meine nicht die Nahtoderscheinungen, für
die manche Menschen noch ein Bewusstsein haben. Die Phänomene entstehen, wenn der Ätherleib zwar vom Körper,
aber noch nicht vom Astralleib und Geist getrennt oder noch
nicht vollständig aufgelöst ist. Dann können »spukhafte«

Geschehnisse oder sichtbare Gestalten auftreten. Das können auch elektromagnetische Phänomene sein. Ich und meine Töchter haben diese Phänomene ebenfalls erlebt. Sie kommen in der Regel während der ersten drei bis vier Tage nach dem Tode vor, können aber bei intensivem geistigem Kontakt auch später noch auftreten. Verdichten sich nämlich Seele und Geist des Verstorbenen durch einen Willensimpuls zu einer physikalischen Energie, kann das eine elektromagnetische Wirkung haben. Und die reicht aus, um beispielsweise eine Stereoanlage plötzlich in Gang zu setzen. Während ich an diesem Buch arbeitete, passierte das öfter in meinem Wohnzimmer – Patricia hörte immer gern Musik.

Konkrete Botschaften allerdings habe ich nie erhalten und auch keine erhellenden Träume gehabt. Dafür verspüre ich, immer wenn ich sie brauche, viele intuitive Wahrnehmungen. So auch in den ersten Tagen nach dem Tod meiner Töchter. Ich kann während meiner Behandlungen meine Kinder und meine Frau um Hilfe dabei bitten, das Richtige zu erkennen und die Kraft zu erhalten, weiterzuarbeiten. Die klarsten intuitiven Wahrnehmungen hatte ich kurze Zeit nach dem Aufwachen, in der sogenannten Twilight-Phase. In dieser Phase kommen Geist und Seele frisch mit Botschaften versehen aus den geistigen Welten zurück, in denen sie sich während des Schlafens aufhalten, und erinnern sich noch an die geistigen Informationen. In diesem Augenblick kann das Bewusstsein mit den Gedanken sehr gut Zusammenhänge erkennen, die mit zunehmender Wachheit im Alltagsbewusstsein schnell wieder verschwinden. Meine Gedanken bestanden darin, zu erkennen, dass alles seine Richtigkeit hat, dass alles genau so kommen musste, wie es geschehen ist. In diesen Momenten der Erkenntnis dachte ich: »Mein Gott, kann ich diesen Verlust und diese Katastrophe einfach so akzeptieren?« Auch meine Patienten und mein Umfeld stellten sich diese Frage.

Mir fiel auf, dass mich die Menschen in der ersten Zeit etwas bedrückt oder verwundert ansahen, so als ob sie eine Reaktion des Entsetzens von mir erwarten würden. Die meisten waren voll aufrichtigen und herzlichen Mitleids und innerlich entsetzt und sprachlos. Viele kannten Constanze und Deborah von frühester Kindheit an. Ein paar wenige waren voller Neugier: »Wie sieht wohl jemand aus, der so einen Schicksalsschlag erlebt hat?« Aber ich musste sie enttäuschen. Ich konnte ihnen nicht das liefern, was sie gewohnt waren, was die Berichterstattung in den Zeitschriften, die Schmonzetten des Hollywood-Kinos oder die Abhandlungen einer Rosamunde Pilcher ihnen bisher vorgespielt hatten. Das versetzte sie in Erstaunen. Und sie waren kaum fähig zu reagieren. Die meisten Menschen waren sprach- und fassungslos. Ich habe große Hilflosigkeit erfahren und gemerkt, wie sich bei vielen die Angst um die eigenen Kinder oder vor dem eigenen Tod manifestierte. Ich konnte mir auch sehr gut vorstellen, dass mir in einer ähnlichen Situation ebenfalls die Worte fehlen würden. Doch Gott sei Dank habe ich in meiner ganzen Medizinerzeit von über 30 Jahren noch nie eine derartige Verlustkonstellation bei anderen Menschen erlebt.

»Schrecklich, immer muss ich an Sie denken«, hörte ich häufiger. Oft wurde ich auch einfach gefragt: »Wie geht es Ihnen?« Dann habe ich immer geantwortet: »Mir geht es gut!« Das rief große Augen und Ungläubigkeit auf der Ge-

genseite hervor. »Doch«, versicherte ich, »mir geht es gut. Weil ich weiß, dass das Leben weitergeht und der Tod nicht das Ende ist. Ich kann damit umgehen. Danke. Aber wie geht es Ihnen?« So bestand die Hauptbelastung für mich im Trösten, in der Auflösung des Schreckens der anderen.

Aber nicht alle wollten getröstet werden. Die Reaktionen auf meine Sicht der Dinge unterschieden sich stark voneinander. Die Versicherung, dass es nach dem Tod weitergehen würde, haben einige innerlich sofort verstanden, wenn auch mit einer gewissen Portion Unsicherheit und Zweifel. Für manche aber war das alles unglaubwürdig. Sie werteten meine Äußerungen als illusionären Selbstschutz: »Der Doktor macht sich was vor!« Einige Patienten sind nach dem Tod von Constanze, Deborah und Patricia gar nicht mehr gekommen. Vielleicht weil sie selbst so verunsichert waren und dachten, dass nach einem solch schweren Schicksalsschlag niemand mehr stabil im Leben stehen und vernünftig weiterarbeiten kann. Und, man glaubt es kaum, es gibt noch immer einfältige, orthodoxe Katholiken, die derartige Katastrophenerlebnisse tatsächlich für eine Strafe Gottes halten.

Meine Töchter Mara und Alma wurden mit ähnlichen Problemen konfrontiert. Sie waren durch die heimische »Quanteneinweihung« so weit gekommen, dass sie behaupten konnten, nicht wirklich traurig zu sein: »Natürlich vermissen wir unsere Schwestern«, sagten sie ihren Freundinnen, »aber wir sind nicht so niedergeschlagen, dass wir in Trostlosigkeit versinken.« Das Anstrengende für sie war tatsächlich, diese Haltung den anderen Mitschülern und Mitstudenten verständlich zu machen. Die Sprachlosigkeit dieser jungen

Menschen war für sie belastend. Für mich selbst war das Trösten der bedrückten und mitleidenden Patienten die größte Aufgabe. Oft führte ich deswegen in meiner Praxis lange Gespräche über Karma, den Tod, das Leben nach dem Tod, die Erhaltung unseres Ich-Bewusstseins nach dem Tod oder über die Evolution unseres Geistes auf dem Weg zurück zum Vater.

Ein Ausrufezeichen der Zuversicht wollten wir daher auch mit der Auferstehungsfeier für Constanze und Deborah setzen. Meinen beiden Töchtern Mara und Alma war es ein Anliegen, eine würdevolle und schöne Feier für ihre Schwestern zu gestalten. Sie fragten persönlich beim Pfarrer der Friedenskirche im Heidelberger Stadtteil Handschuhsheim an, ob wir die Kirche nutzen dürften. Wir bekamen sofort eine Zusage, was nicht selbstverständlich war. Die Friedenskirche ist evangelisch geweiht, aber für den toleranten Pfarrer und die Gemeinde war es überhaupt kein Problem, dass dort ausnahmsweise eine Feier der Christengemeinschaft abgehalten werden sollte. Eigentlich pflegt die Institution der katholischen Kirche Vorbehalte gegen die Christengemeinschaft. Diese Religionsgemeinschaft, deren Mitglied ich bin, wurde von Rudolf Steiner auf Wunsch fortschrittlicher Theologen initiiert und von Dogmen und kirchlichen Machtstrukturen entrümpelt mit dem Ziel, den Weg unmittelbar zu Jesus Christus zu finden, anstatt sich von ihm zu entfernen. In der Christengemeinschaft ist die Geisteswissenschaft Steiners wichtige Grundlage für das Verständnis des Jesus Christus.

Die Kirche war randvoll, viele, viele Menschen kamen. Wir hatten mit einer Menge Gäste gerechnet, denn Constanze und Deborah hatten unglaublich viele Freunde, aber so viele? Ich hatte ein Streichquartett organisiert, das keine Trauermusik spielen sollte, sondern etwas, das der Auferstehungsfeier einen schönen Rahmen verleiht und gleichzeitig den Anwesenden Mut macht. Hinzu kam ein Auftritt von früheren Kommilitonen aus meiner Musikstudienzeit, die ein Stück für Gesang und Orgel einstudiert hatten. Alles war perfekt, es gab nur ein Problem: Die Urnen waren nicht da.

Die Körper von Constanze und Deborah waren in Südafrika eingeäschert worden. Ihre Schwester Mara wollte nach dem Schockerlebnis so schnell wie möglich nach Hause. Ein Ehepaar aus Deutschland, das sich seit Jahren im südafrikanischen East London mit einer Methodistengemeinde um die Resozialisierung von Aidswaisen bemüht, hatte sich vor Ort um die Formalitäten gekümmert und dabei unglaubliche Hilfe geleistet. Die Buchners, so hießen sie, streckten die Kosten für die Verbrennung vor und stellten für die Feuerbestattung einen Chor aus der Gemeinde zusammen. Der Beistand in Südafrika war vorbildlich. Auch das deutsche Konsulat in Kapstadt leistete jede mögliche Hilfe. Dennoch kamen die Urnen nicht rechtzeitig zur Auferstehungsfeier am Gründonnerstag in Deutschland an. Ein Feiertag und die dortige Mentalität verzögerten den Transport.

Da wir wahrhaftig bleiben wollten, entschlossen wir uns, keine leeren Urnen aufzustellen. Ich suchte zwei schöne Bilder meiner Töchter heraus und ließ eine Fotomontage machen, bei der sie nebeneinander an einem Tisch sitzen. Diese vergrößerte ich und stellte sie ganz vorn in der Kirche vor den Altar. Damit war ihre Präsenz für alle erkennbar. Das musste reichen. Während der Feier kam auch bei mir die ganze Trauer noch einmal hoch. Wir, meine zwei Töchter, ihre Mutter und ich, saßen ganz vorn. Der Zustand meiner Frau Patricia hatte sich derart verschlechtert, dass sie die Feier nicht mehr physisch begleiten konnte. Wie gesagt, durch den Unfall war sie ins Grübeln geraten: Sie kämpfte hier um ihr Leben, während die beiden gesund und ungefragt aus dem Leben gerissen wurden. Wie ungerecht. »Eigentlich könnte ich doch eher gehen als die beiden«, sagte sie, worauf ich sie ermutigte: »Nein, wenigstens du musst bleiben!« Im Nachhinein weiß ich, dass zu diesem Zeitpunkt auch ihr Abschied schon bestimmt war.

Der größte Teil der Gemeinde kam auf unsere Bitte hin zwar in farbenfroher Kleidung und verzichtete auf das übliche Schwarz, dennoch zeigten sich die meisten überrascht bis beeindruckt. Man hatte wohl doch eher mit einer klassischen Trauerfeier gerechnet. So etwas wie eine Auferstehungsfeier hatten die meisten noch nie erlebt. Der Höhepunkt war die Predigt. Thomas Demele, der Pfarrer der Heidelberger Christengemeinschaft, konzentrierte sich auf die biografischen Kernpunkte von Constanze und Deborah und versuchte herauszuarbeiten, welche Lebensaufgabe meine Töchter sich vorgenommen hatten. Die zentralen Fragen der Predigt hießen: Warum haben sich die Seelen der beiden inkarniert? Und welche geistigen Spuren haben sie hinterlassen? Was waren die geistigen Aufgaben ihrer Seelen? Was waren ihre Ideale? Da konnte selbst ich noch dazulernen.

Bei Constanze ging es darum, im Sinne der Nächstenliebe ganz viel für andere zu tun und soziale Gegensätze auszugleichen. Bei Deborah war es die Erkenntnis, dass man sein Leben durch pure Willenskraft und Gerechtigkeit gestalten kann. Inkarnieren sich Seelen geistiger göttlicher Wesen auf der Erde, brauchen sie für derartige Lernerfahrungen manchmal viele Jahre. Dann wieder reicht eine kurze Phase, um Seele und Geist reifen zu lassen. Das war bei meinen Töchtern der Fall. Sie hatten mit Mitte 20 ihr Ziel auf Erden erreicht und konnten diese mit dem nötigen Wissen und der Erfahrung wieder verlassen. Manche Inkarnationen kommen in einem schönen und bequemen Leben von über 80 Jahren, angefüllt mit Kaffeekränzchen und Schwarzwälder Kirschtorte, nicht einen Schritt in Bezug auf ihre geistige Reifung weiter.

Ich möchte hier den ersten Teil der Predigt wiedergeben, damit Sie sehen, in welcher Atmosphäre der Gottesdienst stattfand. Pfarrer Demel begann so: »Hätte das Menschenleben mit dem Tod sein absolutes Ende, gäbe es kein Leben in der geistigen Welt, gäbe es keine Zusammenarbeit von Verstorbenen, Ungeborenen und Erdenmenschen, dann könnten wir hier nur zu einer Trauerfeier zusammenkommen.

Wäre Gott nicht Mensch geworden, hätte Christus nicht sein großes Ja zum Erdenleib gesprochen, wäre alles Irdische nur ein zu überwindendes Leiden, dann könnten wir hier nicht zu einer Feier der Freude zusammenkommen.

Der Auferstandene ist dem Menschen in der Trauer und in der Freude sehr nahe, er ist der Spender der Daseinsfreuden und der Tröster im Daseinsleide.

Mit ihm schauen Deborah und Constanze voller Verständnis und Mitfühlen auf den Schmerz und die Trauer hin.

Mit ihm können wir mitfühlen und zu verstehen versuchen die Freude des Neubeginns, die Freude der Geburt von Constanze und Deborah in der geistigen Welt.

Was aber erwarten Menschenseelen, die in so jungem Alter und mit so vielen Idealen, mit so viel Tatkraft über die Schwelle des Todes gingen? Sie warten auf Erdenmenschen, die ihre Ideale, ihre Impulse und Lebensziele aufgreifen, sich eigen zu machen und – mit Deborahs und Constanzes Hilfe aus der uns begleitenden geistigen Welt – auf Erden zu leben beginnen.«

Ungewöhnlich, oder? Uns war klar, dass die Auferstehungsfeier nur ein Pfarrer aus der Christengemeinschaft abhalten konnte. Hätten wir die Predigt evangelischen oder katholischen Geistlichen überlassen, es wäre wohl ziemlich düster und trostlos geworden.

Der Gottesdienst dauerte eine Stunde. Danach habe ich alle Gäste zu mir nach Hause gebeten. In einem Wirtshaus den klassischen Leichenschmaus abzuhalten kam für mich keine Sekunde infrage. Viele Menschen folgten meiner Einladung. Die Stimmung, die bei unserem Zusammensein herrschte, war nicht zu vergleichen mit den Reaktionen, die ich noch wochenlang per Post erhielt. Oft hieß es darin: »Mir fehlen die Worte ...« Oder: »Als wir die Sterbeanzeige lasen, waren wir sehr geschockt und bestürzt. Lange haben wir überlegt, ob wir Sie mit unserer Anteilnahme in Ihrer Privatsphäre stören dürfen ...« Die Menschen waren verstört und sahen sich kaum in der Lage zu handeln. Sie wollten aus Rücksicht und Höflichkeit die trauernde Familie nicht belästigen. Ich konnte das sehr gut nachfühlen und verstehen.

Jede Karte habe ich als ein Zeichen des Mitleidens und guter Gedankenkraft für meine Familie empfunden. Die gewählten Worte drückten die positive Zuwendung für die Familie aus, die ich mit Dankbarkeit annahm. Jeder Gedanke und jedes Gefühl erzeugt eine Wirklichkeit in der seelischen und geistigen Welt und schafft mit genügend Wiederholung eine stetige Kraft für die Manifestation auf der physischen Ebene. Wichtig für die Effektivität sind die Benutzung der schöpferischen Gedankenkraft und die Summe der Gedankenströme. Ein einzelner Gedanke kann bei uns Menschen selten viel auslösen, aber häufige Wiederholungen von vielen Menschen erhöhen den Effekt.

Nach dem Tod meiner Frau Patricia erhielt ich nochmals sehr viele Beileidsbriefe. Doch bei ihr habe ich anders getrauert als bei meinen Töchtern. Patricias Gehen stand ja seit über zwei Jahren im Raum. Die Trauer durchlebten wir schon vorher zusammen. Wir hatten uns vorbereitet. Patricia sagte öfter – eher scherzhaft – am Frühstückstisch zu mir: »Zwick mich mal in den Arm, damit ich sicher sein kann, dass ich noch in dieser Welt bin und du nicht lediglich meine Vorstellung bist.« In der irdischen Welt erzeugen unsere Vorstellungen unsere Wahrnehmungen. Sie erinnern sich: Die Welt ist so, wie wir sie sehen. Alles Gesehene und alle Gefühle speichert unsere Seele. Und die stirbt nicht, wenn wir unseren materiellen Körper ablegen. Unabhängig von Raum und Zeit erzeugt sie durch die gespeicherten Gefühle weiterhin die gespeicherten Bilder, zum Beispiel vom Urlaub, von der Taufe des Enkels, von der Hochzeit der Kinder oder von der Freude, die wir einem anderen Menschen gegeben haben.

Ich spreche oft mit meinen Patienten über diese Zusammenhänge: »Stellen Sie sich vor, sie sitzen nach Ihrem Tod genauso hier im Sprechzimmer, und wir unterhalten uns über Leben und Tod, so wie wir es im Augenblick tun.« Woher ich das weiß, werden Sie vielleicht fragen. Meine Frau und ich studierten fast zehn Jahre lang die Lesungen des zypriotischen Heilers Daskalos. Dieser konnte bewusst in die Welt der Verstorbenen gehen und berichten, was dort so vor sich geht. Er schilderte stets, wie sich die Seelen ihren Himmel oder ihre Hölle nach ihren eigenen Vorstellungen immer wieder selbst erschaffen – genau wie auf der Erde. Auch hier können die Seelen, wenn sie sich ändern, dank der Barmherzigkeit des Christus aus der größten Ausweglosigkeit oder Sackgasse wieder den Weg zum Göttlichen einschlagen. Es ist nur eine Frage der reuevollen Erkenntnis. Christus trägt neun Zehntel der karmischen Last jedes Menschen. Dieser muss nur ein Zehntel in seiner nächsten Inkarnation abtragen. Dazu kamen über 30 Jahren des Studiums der Anthroposophie Rudolf Steiners. Kaum ein anderer hat so viele fundierte Vorträge und so viel genaue Informationen über das Leben nach dem Tod gegeben.

Das alles war uns also schon klar. Neugierig war ich vielmehr darauf, wie ich mich und was ich wohl fühle, wenn Patricia ihren Körper eines Tages verlässt. Und ich habe festgestellt, dass ich mich danach nicht viel anders gefühlt habe. Im August, also rund zwei Monate nach ihrem Abschied, machte ich zum ersten Mal allein Urlaub, ganz spontan. Ich wollte wahrnehmen, wie es ist, ohne sie bergzuwandern. Ich erwartete eine große Einsamkeit und war völlig verblüfft, als diese mich nicht ergriff. Patricia war zwar nicht neben mir, tagsüber auf den Pfaden und abends im Hotel, aber trotzdem fühlte ich mich nicht einsam. Das Gefühl des Verlassenwordenseins habe ich bis heute nicht. Ich spüre, dass sie weiter um mich ist, und ich kann mich in ruhigen Stunden jederzeit mit ihr austauschen.

Ich kann inzwischen sogar unterscheiden, welches meine Gedanken sind und was von ihr kommt. Geht ein Einfall von ihr aus, trifft er mich schlagartig, wie ein Blitz. Ich selbst denke langsamer. Was ich dann erhalte, sind Informationen zu allen Lebensbereichen, oft auch für meine Arbeit in der Praxis. Behandle ich einen Patienten, spüre ich dann und wann eine Empfehlung wie: »Beweg die Hand so und so!« Oder: »Erspüre den Hintergrund der Krankheit, nimm den Menschen in Liebe an.« Ich folge gern diesen Intuitionen, und nicht selten sind das die entscheidenden Impulse für die Heilung. »Unser höheres Selbst achtet nicht darauf, wie viel wir tun, sondern mit wie viel Liebe wir etwas tun«, sagte meine Frau Patricia einmal spontan im Jahre 2009 während ihrer Krankheit. »Schreib das auf«, meinte sie. Hiermit gebe ich ihre weisheitsvolle Erkenntnis weiter.

Ich führe meine Praxis jetzt noch bewusster. Neulich habe ich eine Krebspatientin darauf angesprochen, ob sie sich denn schon um das Thema Tod gekümmert habe? Sie schaute mich ganz erschreckt an, und ich wusste sofort, dass dieses Thema mit all den großen Ängsten bei ihr sehr präsent war, aber noch niemals ausgesprochen wurde. Ich sagte ihr, dass sie dadurch keine Sekunde länger oder kürzer leben würde, dass sie aber viele ihrer Ängste und Sorgen loswerden und befreiter leben würde. Diese Freiheit würde ihr eine ganz andere Lebensqualität ermöglichen. Die Dame hat meine Frage letztlich sehr positiv aufgenommen und die Literatur notiert, die ich ihr empfohlen habe. Es ist die gleiche Literatur, die ich Ihnen am Ende des Buches empfehle.

Es hat sich bei mir aber noch mehr auf der geistigen Ebene getan. Ich kann noch schneller und intensiver Texte lesen und verinnerlichen als vorher. Patricia konnte auch nie genug kriegen. Sie sog alles in sich auf. Ihre Wissbegierde und Neugierde haben meine weiter inspiriert. Ihr Heilerwille hat sich auf mich übertragen und den meinen verstärkt. Ihre bewusste Lebensfreude über das Wunder der schöpferischen Gedankenkraft gab mir die Kraft, Ja zum weiteren Leben zu sagen. Genauso ist die Lebenslust von Deborah und Constanze auf meine zwei anderen Töchter Mara und Alma übergegangen.

»Inspiriert Dr. Hollerbach der Verlust seiner Liebsten etwa nur«, mögen Sie sich jetzt vielleicht fragen, »oder vermisst er auch irgendetwas?« Natürlich vermisse ich die körperliche Anwesenheit meiner Lieben sehr. Das Gespräch über die erlebten Erfahrungen fehlt mir sehr. Der Gedankenaustausch läuft zwar im Geistigen wesentlich schneller als der Wortaustausch im Physischen. Wir sind aber in der Matrix des Lebens von Geburt an darauf geeicht, mit unseren körperlichen Sinnesorganen den anderen Menschen wahrzunehmen. Fällt diese Gewohnheit weg, so löst sich eine feste Verankerung im Leben. Wir müssen dann einen neuen Ankerplatz suchen. Diese Umstellung fällt nicht leicht, selbst wenn man sich darauf vorbereitet.

Diese große Leere, die ich spüre, besteht darin, die Freude der gemeinsamen Erlebnisse nicht mehr mit denen, die gegangen sind, unmittelbar teilen zu können. Das gemeinsame Lachen in alltäglichen Situationen fehlt mir. Das ist etwas, das ein gewisses Gefühl von Alleinsein hervorruft. Zumal ich es liebe, Menschen um mich zu haben, mit denen ich gern etwas unternehme. Ein alleiniger Egotrip ist für mich keine Lebensqualität. Ich vermittele Patricia und meinen Töchtern zwar diese Freude, aber wenn ich allein am Tisch sitze und esse oder einen Sonnenuntergang betrachte, denke ich schon, dass es zu zweit in dieser Welt der Illusionen wohl schöner wäre. Ich vermisse alle drei als physische Lebensbegleiter.

Der größte Trost allerdings war zu erfahren, was Tod wirklich bedeutet und was in den Stunden und Tagen nach dem Tod passiert. Ich wusste ja bereits, dass der Mensch nachts den kleinen Bruder des Todes trifft, den Schlaf. Mit ihm begeben wir uns ebenfalls in die geistigen Welten. Mit dem Tod müsste dann doch eigentlich etwas Ähnliches geschehen.

Viele Menschen haben mit diesem Gedanken ein Problem, besonders, wenn sie sich als Materialisten oder Realisten sehen: Das Leben hört mit dem Tod auf. Nach dem Tod gibt es – wie wir bereits wissen – für die Naturwissenschaft außer der sich auflösenden Materie so gut wie nichts mehr zu messen. Deren rapide Auflösung vernichtet die Form des Menschen. Die Beobachtung dieser Auflösung lässt eine fortdauernde Existenz also äußerst fragwürdig erscheinen. Dann allerdings sollten die Geisteswissenschaften, die Religion und die Philosophie übernehmen. Aber wie finden Sie einen tragfähigen Zugang zu diesen? Religionen haben die tiefen Wahrheiten aus den alten Schriften oft verdreht und zugunsten ihres Machterhalts instrumentalisiert. Philosophen sind kluge Denker, aber Klugheit ist eben noch keine Weisheit. So sind Philosophien über ein Leben nach dem Tod nette Konstrukte der Hirnwindungen, aber nicht mehr. Wirkliche Weisheiten sind also weder Philosophien noch religiöse Doktrinen, sondern wahre Erkenntnisse. Diese Erkenntnisse finden Sie in der Wissenschaft von dem Geiste. Die Geisteswissenschaft fordert eine Ausbildung der Fähigkeiten, die Dinge genauso konkret zu erforschen, wie sie in den Naturwissenschaften konkret erforscht werden. Dazu gehört eine gehörige Portion intensiver Schulungsarbeit, die viele Jahre Geduld und Ausdauer erfordern kann. Sie finden in jahrtausendealten Schriften die Ergebnisse dieser Wahrheiten und die Weisheiten solcher Schulungen. Ich suchte nach Antworten nicht nur in der Bibel, sondern auch in der Bhagavad Gita, in der Kabbala, bei Laotse und natürlich in der modernen Geisteswissenschaft bei Rudolf Steiner.

Was ich in meiner drei Jahrzehnte dauernden Suche, die ich aufgrund der akuten Ereignisse noch weiter intensivierte, fand, ist genau das, was mich an dem Verlust von Deborah, Constanze und Patricia nicht hat zerbrechen lassen. Schon recht früh hatte ich die Grenzen der Naturwissenschaft erkannt, der konservativen Biologie, der klassischen Medizin und auch der modernen Quantenphysik. Immer suchte ich Antworten auf meine Warum-Fragen. Doch fand ich in den äußeren Naturwissenschaften, der Exoterik, keine befriedigenden Antworten. Deshalb wollte ich zusätzlich zu den exoterischen, den äußeren Gesetzen der Natur, auch die esoterischen – also die inneren – Gesetzmäßigkeiten des Geistigen erkennen. Dadurch wurde die Beschäftigung mit den Geisteswissenschaften zu einem wesentlichen und notwendigen Bestandteil meines Lebens.

Allein durch das sichere Wissen, dass alles, was existiert, einen geistigen Hintergrund hat, erhalten Sie eine völlig andere Sicht auf die Welt. Kugelförmige Steinhaufen wie der Mond und der Mars sind eben keine Steinhaufen, sondern äußere physische Ausdrücke dessen, was als geistige Information dahintersteht. Mit unseren Augen können wir den Mond am Nachthimmel zwar als von der Sonne erhellten Steinhaufen erkennen, die Information dahinter ist für ein ungeschultes Auge aber unsichtbar.

Ich möchte Ihnen ein Beispiel geben: Sie wollen ein Haus auf Ihrem Grundstück bauen. Sie planen sorgfältig alle Teile des Hauses und erstellen eine Materialliste. Sie kommen zu der Auffassung, dass Sie nur das entsprechende Material benötigen, und der Bau funktioniert von allein. Die Frage nach dem Wie und dem Warum stellen Sie nicht. Dann lassen Sie große Haufen Sand und Backsteine auf Ihren Baugrund kippen. Besonders clevere Bauherren fügen noch die Haustüre, Fenster, Stromleitungen, Wasserhähne und zusätzlichen Komfort wie Teppichböden, Tapeten und Farbe hinzu. Sie lächeln ob dieser Naivität. Aber die konventionelle exoterische Wissenschaft verhält sich so. Sie beschreibt die äußerlich sichtbaren, messbaren Zustände eines Hauses und behauptet, nur was sichtbar und messbar ist, sei letztendlich die Ursache für das Haus. Wie und warum der Bau unseres genialen menschlichen Körpers vor sich geht, ist unbedeutend. Er bleibt ihr ein Geheimnis. Alles, was über die fünf Prozent der sichtbaren Materie hinausgeht, wird als nicht existent abgelehnt. Daher werden alle Erkenntnisse, die darüber hinausgehen, in der Naturwissenschaft als unwissenschaftliche Spekulation abgetan.

Der Apostel Paulus bezeichnet in seinem Brief an die Korinther die weltlichen Weisheiten als törichte Weisheiten. Er wusste, dass die geistigen Weisheiten die göttliche Wahrheit ausdrücken. Zu dieser soll der Mensch durch die Evolution seines Bewusstseins wieder finden. Dafür bekam er von Christus die Gedankenkraft des Vaters geschenkt. Der Weg dahin ist – nach Buddha – das Ziel. Die geisteswissenschaftliche Forschung hat dieses wichtigste Ziel der gesamten Menschheit vor Augen. Das Beschreiten dieses Weges bereichert das Leben des Individuums auf allen Daseinsebenen.

Betrachten wir unseren Körper, verhält es sich genauso wie mit dem Hausbau. Rein äußerlich sind wir keine Steinhaufen, sondern Zellhaufen. Zellhaufen, die eine Form, eine menschliche Gestalt haben. Zu genau dieser Gestalt und den dazugehörigen Funktionen des Körpers kann es nur durch eine geistige Hintergrundinformation kommen. Sie werden vielleicht sagen, dafür sind doch die Gene da. Das stimmt aber nur teilweise. Nach Bruce Lipton sind die Gene lokale, materielle Speicher für Informationen. Und wer benutzt die Informationen? Der Geist. Das habe ich im Laufe der Jahre als eine absolute Wahrheit erkannt: Geist und Materie gehören zusammen, und Materie ist nichts anderes als geronnener Geist, so wie Eis gefrorenes Wasser ist. Entsteht nicht immer wieder Wasser, wenn das Eis taut? Entsprechend wandelt sich die auflösende Materie wieder in Geist. Wir nennen die Auflösung der körperlichen Materie den Tod. *Der Tod ist eine Verwandlung.* Und ich weiß sicher, dass wir innere Wahrnehmungsorgane haben, die diese Wandlung mitvollziehen können. Sie erlauben Ihnen, mit dieser geistigen Welt zu kommunizieren. Diese Wahrnehmungsorgane machen sich in den Fähigkeiten der Inspiration und der Intuition bemerkbar, die wir schulen können, um die geistige Welt differenzierter und klarer wahrzunehmen.

Gleichzeitig wurde mir immer klarer, dass wir alle auf die Erde gekommen sind, um über das Hilfsmittel der Erfahrung unser Karma zu gestalten, also unsere innere Evolution voranzutreiben. Erfahrung sammeln Sie durch Möglichkeiten, Krankheit oder Leid. Die größten Katastrophen sind die effektivsten Beschleuniger für diese Evolution. Für die schweren Schicksale, die ich täglich mit meinen Patienten erlebe – und dazu gehörte auch mein Schicksal mit dem Tod meiner Frau und meiner Töchter –, bin ich innerlich dankbar, denn sie tragen gewaltig zu meiner Reifung bei.

Für mich besteht inzwischen kein Zweifel mehr daran, dass wir uns als Geistseele immer wieder auf der Erde in einem menschlichen Körper inkarnieren. Mit der Wiedergeburt haben wir die Möglichkeit, die Fußspuren der vorangegangenen Inkarnation auszugleichen. Diese Spuren hinterlassen wir durch unsere Gedanken und Gefühle, durch unsere Worte und unsere Taten. Sie bedürfen einer Korrektur in der nächsten Inkarnation – natürlich nur für den Fall, dass sie Disharmonien erzeugt haben. Sind wir nicht genügend ge-

reift, hinterlassen wir wieder neue Fußspuren – neue Disharmonien. Diese sind der Antrieb dafür, nach dem physischen
Tod wieder zurückzukehren, um sie auszugleichen, um die
Dinge »besser zu machen« auf dem Weg zur Vervollkommnung unseres Bewusstseins.

Wenn nun so junge Menschen wie meine Töchter mit ihren unverbrauchten Kräften aus dem Leben scheiden, dann
hat das eine ungeheure Bedeutung für deren nächste Inkarnation, weil die noch nicht verbrauchten Lebenskräfte dem
neuen Leben zur Verfügung stehen. In der nächsten Inkarnation befähigen diese Kräfte zu großen Taten des Willens.

Das alles ist geisteswissenschaftliches Wissen. Diesen Gesetzen untersteht jeder Mensch. Hört man sie zum ersten
Mal, sind sie wahrscheinlich schwer zu verstehen, aber ich
werde mir Mühe geben, Ihnen diese Zusammenhänge im
nächsten Kapitel ganz konkret zu erklären.

Dabei geht es mir nicht nur um die Vermittlung dieses
Wissens, sondern – ganz praktisch – auch um die Stärkung
Ihrer Fähigkeit, Ihre sogenannten Schicksalsschläge auf Ihre
aktuelle Inkarnation zu beziehen. Denn beziehe ich den Verlust von Deborah, Constanze und Patricia auf mich, so kann
ich nicht umhin, zu sagen, dass diese Ereignisse meinen Reifeprozess ungeheuer beschleunigt haben, einen Reifeprozess,
der allerdings längst noch nicht abgeschlossen ist. Beispielsweise hat sich meine Intuition derart verbessert, dass ich oft
ins Behandlungszimmer komme und sofort weiß, wo den Patienten der Schuh drückt. Ich muss ihn natürlich trotzdem
fragen und ihn untersuchen, sonst hält er mich für unglaubwürdig. Und dann sage ich ihm, was ich schon vorher wuss-

te. Habe ich weniger Zeit, wähle ich zuweilen einen gewagteren Weg: »So, ich sage Ihnen jetzt, was Sie haben.« Wenn der Patient das nicht versteht, sage ich ihm auf den Kopf die Symptome zu. Und nicht selten schmunzeln wir dann beide.

Das ist also die Kraft, aus der ich schöpfe. Sind Sie bereit, sich auf die dahinterliegenden Wahrheiten einzulassen? Kommen Sie, ich nehme Sie mit.

4 DAS FUNDAMENT – WIR SIND UNSTERBLICH

Sie sind am Herzstück des Buches angekommen. Vielleicht haben Sie es im vorangegangenen Kapitel schon erahnt: Hier erwartet Sie etwas, von dem Sie möglicherweise noch nie gehört oder gelesen haben. Aber genau diese neuen Informationen können Ihnen sowohl die Angst vor dem Tod nehmen als auch dafür sorgen, dass der Abschied lieber Menschen nicht zu einem emotionalen Desaster ausartet. Um sich auf meine Erkenntnisse einzulassen, empfehle ich einen offenen Geist. Versuchen Sie einmal, das bisher Gelernte und Erdachte über den Tod in die Ecke zu stellen. Möglicherweise – und das würde ich mir wünschen – quartieren Sie nach der letzten Seite das alte Schreckgespenst mit Sense und schwarzer Kapuze aus oder lachen sogar darüber. Sie können ganz gelassen sein.

Wer wir sind

Wir sind nicht bloß Körper. Ganz schnell weg mit dem uralten Trugschluss, dass wir nur aus dem bestehen, was wir mit unseren Sinnen wahrnehmen können. Nein, wir sind vier!

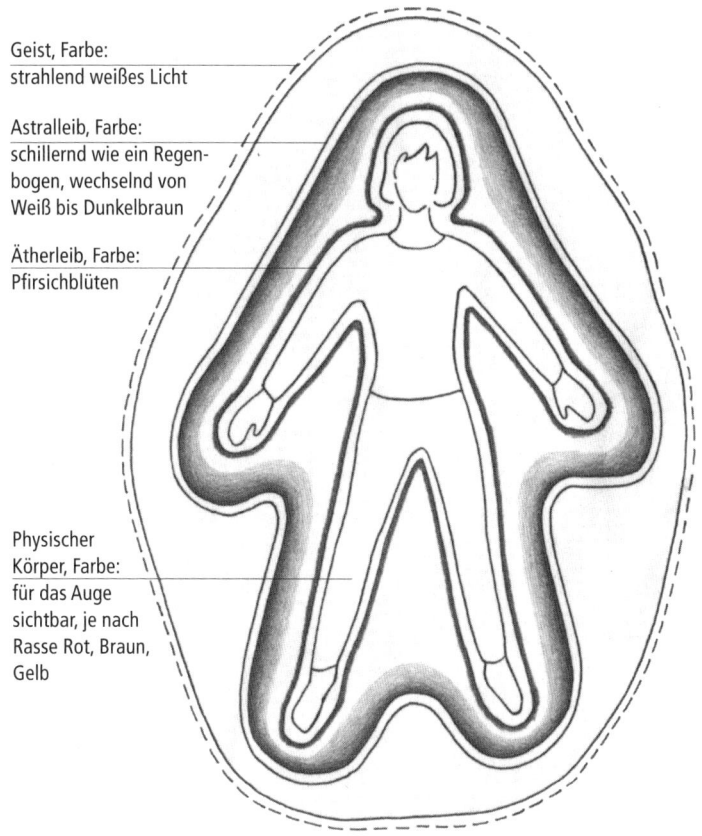

Geist, Farbe:
strahlend weißes Licht

Astralleib, Farbe:
schillernd wie ein Regen-
bogen, wechselnd von
Weiß bis Dunkelbraun

Ätherleib, Farbe:
Pfirsichblüten

Physischer
Körper, Farbe:
für das Auge
sichtbar, je nach
Rasse Rot, Braun,
Gelb

*Unser irdisches Sein setzt sich aus den folgenden Gliedern
zusammen:*

1. Dem physischen Körper, dem Ausdruck der Materie
2. Dem Ätherleib, dem Ausdruck der Lebenskraft
3. Dem Astralleib, dem Ausdruck unserer Seele
4. Dem Geist, dem Ausdruck unserer Göttlichkeit

Den **physischen Körper** erkennen wir mit unseren Sinnesorganen natürlich als Erstes. Und der ist für die Menschen, die nicht weiter informiert sind – und das sind die meisten –, der einzige. Von Geburt an werden Sie darauf hingetrimmt, die Welt genau so zu sehen, wie Ihre Eltern, Großeltern, Verwandten und die soziale Umgebung. Das ist wie ein abgekartetes Spiel, auf das jeder neue Erdenbürger eingeschworen wird. Und wehe, er hält sich nicht daran. Das wird mit schwersten Strafen wie Liebesentzug, wiederholte Gehirnwäsche in Form von Spielsachen für Erwachsene so lange eingebläut, bis es im Unterbewusstsein verankert ist. Andernfalls müssen Ergotherapie und andere Eingewöhnungsmethoden dem kleinen Erdenbürger auf die noch nicht vorhandenen Sprünge helfen. Redet ein kleines Kind noch mit seinen unsichtbaren Engeln, wird ihm dieser Unsinn als Fantasie madig gemacht. Die allermeisten Kinder oder jungen Menschen geben irgendwann auf und wollen schnell normal werden. Und normal ist nur das, was ich sehen, anfassen und riechen kann, alles andere ist Unsinn. Das Einzige was ich habe, ist mein Körper. Ab und zu frage ich meine Patienten, ob sie eigentlich wissen, was sie sind. Ob es allein der Körper ist, der ihre Existenz ausmacht. Manche schauen mich verdutzt an, während andere wissen oder zumindest ahnen, dass da noch mehr sein muss. Wieder andere haben sich diese Frage noch nie gestellt. Eine Patientin ging sogar beleidigt nach Hause. Wie konnte ich auch nur so eine Frage stellen?

Wir lernen wie selbstverständlich in unserer Ausbildung, also in der Schule und an der Universität, dass unser physischer Körper das Wesentliche ist. Da mag möglicherweise noch etwas dranhängen, aber das ist nicht so wichtig, das ist etwas für die Religion oder für den Psychologen. Darum heißt es auch, dass der physische Körper bestimmt, welchen Weg das Leben nimmt, ob es uns gut geht oder schlecht. Und es gibt immer noch Mediziner, die sogar behaupten, dass das physische Gehirn die Ursache für das ist, was wir denken. Das ist nicht nur eine sehr einfache, sondern zudem eine falsche Erklärung. Damit wäre die Welt sehr schnell ergründbar. Die menschliche Existenz aber kann man damit nicht ausreichend beschreiben – und erst recht nicht das, was wir Tod nennen.

Wie würde man denn unter der Annahme, der Körper sei alles, auf die folgende Frage antworten: Was passiert mit unserem physischen Körper, wenn wir sterben? Eigentlich müsste er doch wenigstens erhalten bleiben, oder? Natürlich tut er das nicht. Sobald kein Leben mehr im physischen Körper ist, fängt er an zu zerfallen. Also hat er aus sich selbst heraus keinen Bestand. Das, was ihn am Leben hält, ist das, was wir als Lebenskraft bezeichnen können. Sie wird über den **Ätherleib** geliefert. Der Ätherleib, den vor über 2300 Jahren schon Aristoteles erwähnte, durchdringt uns als unsichtbares, passgenaues Energiefeld und hat dieselbe Form wie ein Double des materiellen Körpers. Vor 100 Jahren hat Rudolf Steiner den Ätherleib ausführlich beschrieben.

Wie wird dieser **Ätherleib** konstituiert? Letztlich aus Licht. Licht selbst ist nicht sichtbar. Wir können nur einen kleinen Teil in der Reflexion an Materie mit den Augen erkennen. Das Licht ist der Ursprung der Materie in der wahrnehmbaren Welt. Seine elektromagnetischen Wellen bilden das, was wir Materie nennen. Auch alles Lebendige ist aus ihm erschaffen. Pflanzen, Tiere und der Mensch besitzen einen Lebens- oder Ätherleib. Ein Mineral hat nur einen physischen Körper. Das Tier hat dazu, wie auch der Mensch, eine Seele. Doch nur der Mensch besitzt Geist mit Bewusstsein seines Selbst. Der zypriotische Heiler Daskalos betonte immer, dass jede menschliche Zelle sehen und Licht aufnehmen kann. Aus der Biologie wissen wir, dass die DNS in jeder Zelle wie ein Hohlraumresonator kosmische Informationen, also Licht, aufnimmt. Die kosmischen Informationen bestehen zum überwiegenden Teil aus unsichtbarem Licht. Wie alles Lebendige sind die Pflanzen aus diesen Kräften des Lichtes gebildet, speichern sie und verdichten sie in ihren Früchten und Samen.

Daher hilft ein kurzer Blick auf unsere Ernährung. Das, was wir essen, besteht aus nichts weiter als Licht. Jedes Stück Obst trägt elektromagnetische Lichtinformationen in sich. Diese sind – jenseits von Vitaminen – die wahre Energie. Sie regen den Körper so an, dass die kosmischen Impulse durch jede unserer Zellen, besonders durch unsere Energiezentren, die Chakren, besser aufgenommen werden können. Die Chakren sind Energiezentren unseres Körpers, die sich vom Scheitel bis zur Sohle über den Organismus verteilen. Sie nehmen die kosmischen Lichtinformationen, die sich in Spiralform verdichten, konzentriert auf. Ist einem dieser Zusammenhang klar, kann man sich auch erklären, warum einige Menschen nur von Licht leben können. Manche von Ihnen haben sicher schon einmal aus der Presse oder dem Internet von diesen indischen Gurus erfahren, die jahrzehntelang weder essen noch trinken. Die Naturwissenschaft steht natürlich vor einem Rätsel. Weiß man allerdings um die Kraft und die Schulung des Geistes, so weiß man auch, dass sich diese Gurus die Fähigkeit erworben haben, die kosmische Lichtkraft, auf die allein es ankommt, direkt aufzunehmen.

Heißt es nicht im Volksmund, dass Frischverliebte von Luft und Liebe leben können? Das ist mehr als nur eine Redensart. Darin steckt genau diese Erkenntnis. Im Moment des Verliebtseins haben Sie eine ganz besondere kosmische Anbindung zum Licht, die Ihnen die Kraft gibt, mit weniger Nahrung und weniger Schlaf auszukommen. Selbst die Intensität der Farben nimmt im Zustand des Verliebtseins zu. Der Ausdruck der Göttlichkeit ist nun einmal die Liebe. Und der äußere Ausdruck der Liebe ist das Licht in seinen vielfältigen Schwingungen. Ein Teil des Lichtes äußert sich in elektromagnetischen Kräften. Die bilden wiederum die Masse, die zusammen mit dem Vakuum die Materie ergeben. Völlig klar also, dass liebevolle Gedanken und Gefühle Sie unabhängiger von irdischer Materie machen. Die stärkste Kraft der Liebe befreit Sie von der Materie, lässt Sie diese überwinden und beherrschen. Versteht der Mensch die Wahrheit über die Liebe in seinem Innersten, geht ihm die Bedeutung der folgenden Worte auf: »Ich bin der Weg, die Wahrheit und das Leben. Die Wahrheit macht frei.« Natürlich stammen sie aus der Lehre des Christus. Die Wahrheit heißt: Bedingungslose Liebe zur gesamten Schöpfung. Das Licht der Liebe ist die Quelle der Lebenskräfte, die Ihre Materie am Leben hält. Merken wir uns nach diesem Exkurs also: Erst die Lebenskräfte des Ätherleibs lassen Ihren materiellen Körper lebendig funktionieren.

Widmen wir uns nun den anderen beiden Bestandteilen, dem **Geist** und der **Seele**. Auch sie sind Ausdruck des Lichtes in übermaterieller Form und von physikalischen Messinstrumenten nicht erfassbar. Geist kann nur von Geist und Seele nur von Seele erkannt werden. Und stellen wir uns doch einmal die Frage, was nachts in unserem Bett zurückbleibt, wenn wir schlafen und träumen. Der physische Leib und der Ätherleib bleiben zusammen. Klar. Wir leben ja weiterhin. Wer sich auf die Reise begibt, sind Geist und Seele. Sie gehen nachts immer als Team, nie allein. Stellen wir uns einfach vor, dass die Seele »huckepack« auf dem Geist sitzt. Eigentlich sind beide ineinander verwoben und von einem gewöhnlichen Beobachter nicht getrennt wahrnehmbar. Die Ablösung der beiden vom physischen Leib erfolgt nur, wenn wir bewusstlos werden. »Bewusstlos« werden wir immer dann, wenn Seele und Geist den vom Tagesgeschehen erschöpften Körper verlassen und in ihre geistige Heimat gehen. Nicht, um sich zu erholen. Nein, Ihr Geist und Ihre Seele werden niemals müde. Sie brauchen keinen »bewusstlosen Schlaf« wie Ihr Körper. In der geistigen Heimat erleben Ihr Geist und Ihre Seele – vergleichbar einem zweiten Leben, Ihrem Lebensdouble – eine Fülle von geistigen Informationen, die Sie im Moment des Aufwachens noch wie einen feinen Schatten traumhaft ahnen können.

Im Wachzustand verbrauchen Ihr Geist und Ihre Seele die Ätherkräfte Ihres Körpers. Wachsein und Bewusstsein sind nur durch den Abbau der Ätherkräfte möglich. Das führt zu dem Erschöpfungszustand. Liegen Sie nachts regungslos, aber wach im Bett, werden Sie am Morgen danach noch erschöpfter sein als am Abend zuvor. Was geschieht nun im »bewusstlosen Schlaf« mit Ihrem Körper? Im Schlaf arbeiten geistige Hierarchien, die Erzengel, an Ihrem physischen Körper, um ihn wieder zu regenerieren und funktionsfähig zu machen. Würde dieser Zustand nicht regelmäßig eintreten, lägen Sie innerhalb kurzer Zeit wegen Erschöpfung in den Armen des Todes. Der bewusstlose nächtliche Erholungsurlaub ist eine unabdingbare Voraussetzung für das Tagesleben, in dem sich Seele und Geist innerhalb des physischen Köpers befinden und ihn verbrauchen.

Da Geist und Seele nachts unterwegs sind, wird – wie Sie bereits wissen – der Schlaf der »kleine Bruder des Todes« genannt. Ihre nächtliche Bewusstlosigkeit dauert so lange an, bis sich Geist und Seele wieder mit dem Körper verbinden. In dem Moment, in dem diese Verbindung zustande kommt, können Sie die heftigsten Träume haben, die Ihnen stundenlang erscheinen, in Wahrheit aber nur Bruchteile von Sekunden dauern. Sterben wir, kehren Geist und Seele nicht wieder in den Leib zurück. Nahtoderlebnisse hingegen sind nur mit der Rückkehr von Geist und Seele in den Körper möglich. Durch deren kurzzeitigen Aufenthalt im »Jenseits« außerhalb des Körpers können Seele und Geist im Hier und Jetzt uns ein paar Informationen darüber liefern, was Sie »dort drüben im Vorfeld der geistigen Heimat« erwartet.

Was unterscheidet nun den **Geist** von der **Seele**? Die Seele begleitet die Wahrnehmung unserer Sinnesorgane mit Gefühlen. So wie der physische Körper die Nahrungsmittel aufnimmt, so nimmt die Seele die Sinneswahrnehmungen als Nahrung für die Gefühle auf. Dabei gibt es verschiedene Ebenen der Gefühlswahrnehmungen. Eine erste Ebene nimmt die Empfindungen auf, eine zweite das, was das Gemüt fühlt, und eine dritte das, was die Seele mit Verstand und Bewusstsein spürt. Sie können diese Wahrnehmungsebenen mit Empfindungsseele, Gemütsseele und Verstandesseele bezeichnen. Auf all das, was wir im Laufe des Tages mit unseren Sinnen erkennen, reagiert die Seele mit Emotionen. Sie ist der Mittelpunkt unseres umfassenden Gefühlslebens. Sie begleitet sogar jeden Gedanken mit Gefühlen. Überlegen Sie einmal: Ist nicht jeder Ihrer Gedanke an ein Gefühl gekoppelt? Ist nicht jeder Gedanke und jedes Gefühl auch noch mit einem Willensimpuls verbunden? Und legen nicht seit Jahrhunderten bekannte Redewendungen wie »Sich die Seele aus dem Leib schreien«, »Jemandem aus der Seele sprechen« oder »Mir liegt etwas auf der Seele« beredtes Zeugnis von der emotionalen Arbeit der Seele ab? Durch die Koppelung dieser Verbindungen steuern Sie Ihre täglichen Handlungen auf allen Ebenen Ihres Daseins.

Diese Fähigkeit macht den Menschen zu einem Wesen, das mit seinen Gefühlen intensiv die Stimmung in seiner Umgebung wahrnimmt, kommentiert und gleichzeitig beeinflusst. Tiere sind bestens dazu in der Lage, Seelenstimmungen zu spüren. Darum können wir uns mit Hunden, Katzen oder Pferden über tiefe Gefühle verbinden. Was den Menschen aber vom Tier unterscheidet, ist der **Geist**. Und den benutzt er, um zu denken. Ein Tier kann nicht kreativ denken. Nur der menschliche Geist hat die Gedankenkraft, das schöpferische Denken, und kann es für Kreativität, Fantasie, Entscheidungen und Veränderung einsetzen. Das ist der eindeutige Unterschied zwischen Mensch und Tier. Nur als menschliches Wesen besitzen Sie Geist. Dieser ist das Merkmal Ihrer göttlichen Herkunft. Ihr Geist sammelt durch viele Inkarnationen hindurch Erfahrungen. Er macht eine gewaltige Evolution vom untersten primitivsten Egoismus bis zur höchsten bedingungslosen Liebe durch. So lange, bis er auf dem Weg des »verlorenen Sohnes« das Ziel seines göttlichen Ursprungs gefunden hat.

Ich erkläre Ihnen die Zusammenhänge von physischem Körper, Ätherleib, Geist und Seele am besten noch einmal anhand des Heranwachsens eines Menschen. Mit Beginn der Befruchtung gehen die körperbildenden Kräfte von der Geistseele aus, die außerhalb des Embryos die Zellvermehrung lenkt. Sie steuert die Kraftlinien, an deren Kreuzungen sich die Materie verdichtet. Sie erinnern sich noch an das Beispiel mit dem Wasser und dem Eis? Materie ist wie »gefrorener Geist«, und für den Ätherleib des Embryos bringt die **Geistseele** die Aufbaukraft mit. Dabei verwendet sie die Energie des Lebensäthers, auch Prana genannt, aus der Ätherhülle der Erde. In dieser Ätherhülle – oder dem Ätherleib der Erde – lösen sich die Ätherleiber unserer Verstorbenen auf. Daraus nimmt die Geistseele wiederum einen Teil der Lebensenergie für den Ätherleib einer erneuten Inkarnation. Ich spreche hier von »Geistseele«, da – wie wir bereits wissen – Geist und Seele miteinander verbunden sind. So wirkt die Seele im Embryonalstadium ebenfalls von außen am Aufbau des Körpers mit.

Nach der Geburt ist das Wachbewusstsein zunächst nur gering ausgeprägt. Das Neugeborene verschläft den größten Teil seiner ersten Lebenstage auf der Erde. Es lebt vollkommen zufrieden in seinem Verdauungsstoffwechsel und im kosmischen Bewusstsein. Fehlt ihm etwas, meldet es sich sofort mit Schreien. Verringert sich seine Wachstumsgeschwindigkeit, erhöhen die frei werdenden Lebenskräfte aus dem Ätherleib die Wachheit und die bewusste Wahrnehmung der Umwelt. In diesen Entwicklungsphasen nennen die Kinder den Briefträger Papa und bringen damit so manche Mutter in Verlegenheit. Die frei werdenden Wachstumskräfte bilden stets die Basis für die Fähigkeiten des Aufrichtens, des Gehens, der Sprache, des Denkens und der Evolution des Bewusstseins für das gesamte spätere Leben.

Um das zweite Lebensjahr herum nennt das Kind sich nicht mehr selbst beim Namen. Sätze wie »Hans will haben« wird man dann nicht mehr hören. Es entwickelt eine Bewusstheit für das eigene Ich. Sätze wie »Ich will haben« sind typisch für sein **wachsendes Ich-Bewusstsein**. In der gesamten Lebensentwicklung prägt der individuelle Geist dem aus der Erbströmung stammenden Körper seinen persönlichen **Charakter** auf. Jede erfahrene Mutter spürt den eigenen Charakter ihres Kindes beim ersten Anlegen an die Brust. Um die Zeit vor der Pubertät prägt sich der **Intellekt** aus. Jetzt lernt das Kind, abstrakte Gedanken zu erfassen und zu kombinieren. Die **Seele** ist eng mit dem physischen Körper verbunden und nimmt über die Sinnesorgane alle Eindrücke auf. Auf jeden Eindruck reagiert sie mit einem Gefühl im Körper. So zeigt der Säugling schon beim ersten Stillen an der Mutterbrust sein Wohlbefinden oder Unbehagen. In der Pubertät schlagen die Gefühle der **Empfindungs- und Gemütsseele** große Wellen. Ein Ausdruck dafür sind die scharfen Urteile des Jugendlichen und der ausgeprägte Sinn für Gerechtigkeit sowie die Abneigung gegen die Lügen in der Welt. Die zunehmende Bewusstseinsentwicklung des Ichs führt im Alter von circa 20 Jahren zu einer gewissen Beruhigung und zur Reifung der erwachsenen **Bewusstseinsseele**.

Alles klar? Nein? Noch einmal aus einer anderen Perspektive: Geht man aus naturwissenschaftlicher Sicht an die drei Phänomene des Lebens – Ätherleib, Seele und Geist – heran, kann man deren Wirkung eigentlich nur am Körper ablesen. Die Kräfte selbst kann man nicht messen. Es gibt kein Messinstrument für Lebenskraft. Es gibt kein Messinstrument für die Seele. Es gibt kein Messinstrument für den Geist. Nachzuweisen sind nur deren Effekte auf den physischen Körper und die Eindrücke auf unsere Sinne. Das beschrieb schon Johann Wolfgang von Goethe in seinen naturwissenschaftlichen Schriften: »Ein lebendig existierendes Ding kann durch nichts gemessen werden, was außer ihm ist, sondern wenn es ja geschehen sollte, müsste es den Maßstab selbst dazu hergeben; dieser aber ist höchst geistig und kann durch die Sinne nicht gefunden werden.«

Hier ein ganz einfacher Effekt des **Ätherleibs**: Verfügt jemand über eine starke Lebenskraft, ist die Haut prall und frischer, hat jemand eine schwache Lebenskraft, ist die Haut eher runzelig und welk. Der Mensch sieht müde und blass aus. Das alles ist nur auf der körperlichen Ebene wahrnehmbar.

Die Auswirkungen des **Seelischen** kann man an der Mimik erkennen. Also: Lächelt jemand aus Freude? Weint jemand aus Kummer? Errötet jemand aus Scham?

Die Auswirkungen des **Geistigen** äußern sich in allen anderen Körpern. Entsteht im Bewusstsein ein negativer Gedanke, empfindet die Seele Sorgen und Ängste, was sofort zu einer entsprechenden Mimik, zu höherem Blutdruck, zu Schweißausbrüchen und zu einer violetten Gesichtsfarbe führen kann. Auf der kleinsten körperlichen Ebene könnte man veränderte Zellstoffwechselprozesse durch Informationsübertragungen messen.

Unterscheiden wir also in der Folge zwischen Körper, Ätherleib, Seele und Geist! Bevor es nun weitergeht auf dem Weg dieser vier Glieder, möchte ich Sie bitten, aufmerksam das folgende Unterkapitel zu lesen. Denn darin erkläre ich Ihnen, worauf meine Erkenntnisse fußen und in welcher Tradition sie stehen. Denn ich bin mir sicher, dass schon jetzt ein paar Grübelfalten auf Ihrer Stirn aufgetaucht sind.

Worauf ich mich beziehe

Mein Wissen habe ich in über 30 Jahren Studium der Naturwissenschaften, der Geisteswissenschaften und Weisheitsschriften wie des Tao Te King, der Bhagavad Gita, der Bibel sowie bei Weisheitslehrern wie Daskalos und besonders bei Rudolf Steiner gewonnen. Nebenbei studierte ich viele traditionelle Heilmethoden wie Ayurveda, traditionelle chinesische Medizin, naturheilkundliche Medizin und spirituelle Heilweisen. Das Spannendste dabei war für mich immer, den »roten Faden« der relativen Wahrheit zu finden. Die absolute Wahrheit können wir Menschen nicht begreifen. Unsere Sinneswahrnehmungen sind endlich, die Schöpfung dagegen ist unendlich. Aber auch die Naturwissenschaften, insbesondere die moderne Bewusstseins-Quantenphysik, leisten bei dieser Suche wertvolle Dienste, da sie die engen Grenzen der klassischen Physik sprengen und die Verbindung der Materie mit dem Geist wieder aufzeigen konnten.

Meine allerwichtigsten Erkenntnisse fand ich zusammen mit meiner Frau Patricia bei dem Studium des Christus. Sie glauben nicht, wie spannend und beruhigend die Erkenntnisse über sein Wirken für unsere Seele und unseren Geist waren. Viele Sorgen und Ängste in unserem Alltag wurden plötzlich unbedeutend. Wir gewannen an innerer Ruhe und Gelassenheit im täglichen Umgang mit unseren schwerkranken Patienten. Patricias innigster Wunsch war schon etliche Jahre vor ihrer Erkrankung, zu wissen, welches neues Mysterium Christus gebracht und welche revolutionären Impulse er durch dieses Mysterium der Menschheit als »Geheimnis« für ihre zukünftige Evolution gegeben hat. Das Wichtigste war ihr im Leben, die Verbindung mit Christus herzustellen. Damit meinte sie keine Frömmelei und keinen religiösen Automatismus in kirchlichen Institutionen, sondern die persönliche, selbstverantwortliche Verbindung zu ihm. Das mag sich für einige von Ihnen banal, abgedroschen oder provokativ anhören. Und auch ich habe immer abgewunken, wenn ich solche Informationen vonseiten der Theologie bekam, denn da waren zu viele hohle Phrasen und Heuchelei dabei. Albert Schweitzer meinte einmal zu diesem Thema: »Wer glaubt, ein Christ zu sein, weil er die Kirche besucht, irrt sich. Man wird ja auch kein Auto, wenn man in eine Garage geht.«

Das innere Bedürfnis meiner Frau hielt über Jahre, bis zu ihrem Tod an. Sie wollte immer mehr von der geistigen Wesenheit des Christus verstehen. Sie konnte nicht genug darüber hören. Beim Schreiben dieses Buches lerne ich für mich die wahre Bedeutung des Jesus Christus immer besser kennen. Dafür bin ich meiner Frau sehr, sehr dankbar. Besonders wichtig sind das Johannes-Evangelium und die Apokalypse. Beide schrieb Johannes in höchster Inspiration in einer Geheimsprache der damaligen Zeit. Rudolf Steiner und Daskalos waren die beiden großen Weisheitslehrer des 20. Jahrhunderts, die mit dieser Geheimsprache umgehen konnten. Einen Großteil meiner geisteswissenschaftlichen Erkenntnisse verdanke ich diesen beiden spirituellen Lehrern.

Meine Ausführungen in diesem Buch beruhen also zum einen auf meinem Wissen aus den traditionellen Heilmethoden und der naturwissenschaftlichen Medizin, zum anderen auf dem Wissen und den Anregungen Rudolf Steiners sowie den umfangreichen Vorlesungen des Daskalos, die ich seit über zehn Jahren studiere. Dessen Ziel war stets, zu erkennen, wie ich Herr über meine Gefühle und Gedanken sein kann und damit Herr über die Materie werde. Seine über 1800 Vorlesungen sind nur zum Teil veröffentlicht. Sie werden jedoch von seiner Tochter Panayiota Theotoki-Atteshli in Seminaren auch heute noch weitergegeben.

Daskalos lehrte 40 Jahre lang nicht nur theoretisch, sondern praktizierte auch seine Fähigkeiten zur Heilung. Er konnte materialisieren und dematerialisieren. Vor skeptischen Wissenschaftlern demonstrierte er gelegentlich sein Können – aber nicht zur bloßen Schau, das war ihm fremd. Die Heilung kranker Menschen lag ihm am Herzen. Ich selbst habe nicht die Fähigkeiten wie Daskalos, aber es gelingt mir immer besser – und da hilft mir sicherlich meine Frau Patricia von der geistigen Seite –, Materie zu beeinflussen oder Patienten Impulse zur Heilung zu geben.

Aus der naturwissenschaftlichen Bewusstseins-Quantenphysik wissen wir, dass Bewusstsein, Energie und Materie aus Informationen bestehen und gleichwertige Bedeutung haben. Der Quantenphysiker Paul Davies konnte 1990 beweisen, dass das menschliche Bewusstsein Informationen erzeugt, die den Spin – also die Umdrehungsrichtung – von Elektronen beeinflussen und damit die Bindungsfähigkeit von Atomen verändern können. Dadurch läuft der Aufbau von Molekülen, Zellverbänden sowie Organen in einer anderen Zusammensetzung ab. Das heißt: Die Energie und Materie ändern sich durch die Art und Qualität der Informationen. Jetzt dürften Sie auch den Ausspruch des Quantenphysikers Michio Kaku verstehen, der sagte: »Wenn wir Herr sind über Information, so sind wir Herr über die Materie.«

In dieselbe Richtung gehen die Beobachtungen des japanischen Wissenschaftlers Masaru Emoto, der anhand von Eiskristallbildungen die Wirkung von Gedanken, Gebeten, Schriften und Worten auf Wasser nachweisen konnte. Wasser ist ein universaler und genialer Informationsspeicher. Es ist kein Zufall, dass das menschliche Gehirn zu über 90 Prozent und der übrige Körper zu circa 70 Prozent aus Wasser besteht.

Um es nochmals zu betonen: Es gibt im Kosmos niemals einen Zufall. Wir Menschen können trotz aller Forschungen auf allen Gebieten der Wissenschaft nur zu einem Bruchteil erkennen, was den Kosmos zusammenhält, und nennen Ereignisse, wegen mangelnden Durchblicks, Zufall. Halten wir daher fest:

- Geist erzeugt Bewusstsein
- Bewusstsein ist Information
- Energie ist Information
- Masse ist Information
- Materie ist Information
- **Materie ist manifestierter Geist**
- Geist erzeugt Bewusstsein
- Bewusstsein ...

Das Bewusstsein des Geistes wird in der modernen Naturwissenschaft in seiner wahren Bedeutung immer mehr erkannt. Bewusstsein ist in der Bewusstseins-Quantenphysik der wesentliche Faktor, ohne den die Physik nicht vollständig sei, meint der Quantenphysiker und Mathematiker Roger Penrose: »Eine wissenschaftliche Weltanschauung, die nicht mit dem Problem des bewussten Geistes ins Reine kommt, kann nicht ernsthaft Vollständigkeit für sich beanspruchen. Bewusstsein ist ein Teil unseres Universums. Deshalb kann keine physikalische Theorie, die dem Bewusstsein keinen angemessenen Stellenwert einräumt, eine wahre Beschreibung der Welt liefern.« An dieser Aussage können Sie erkennen, dass sich die moderne Quantenphysik aus den Fesseln des frühen Materialismus befreit hat und dem Geist mit seinem

Bewusstsein eine ebenso wichtige Rolle zuschreibt wie der Materie, der ureigensten Spielwiese der Physik. *Das Wissen der Quantenphysik, vor allen Dingen der Bewusstseins-Quantenphysik, ist allerdings noch nicht Allgemeingut geworden, da die Wahrnehmungen der menschlichen Sinnesorgane ihren Forschungsergebnissen scheinbar widersprechen.* Die Erkenntnisse der alten Weisheiten sowie die der modernen Geisteswissenschaft haben jedoch gemeinsame Schnittmengen. Das jedoch sehen manche »Physikexperten« noch nicht und werfen der modernen Quantenphysik tiefsten und finstersten Materialismus mit dem Prinzip des Zufalls vor. In manchen Physikergehirnen mag eine solche materielle Denkweise noch vorhanden sein. Der Primitiv-Materialismus wurde aber durch das Prinzip des bewussten Geistes schon längst widerlegt.

Was hat nun Rudolf Steiner mit alldem zu tun? Steiner lebte von 1861 bis 1925. Er ist der Begründer der Anthroposophie. Das Wort kommt aus dem Griechischen und setzt sich zusammen aus »Sophia« (Weisheit) und »Anthropos« (Mensch). Die Weisheit vom Menschen ist der Mittelpunkt der Lehre Rudolf Steiners. Er war einer der größten Weisheitslehrer der Neuzeit. Er lehrte, dass alle sichtbaren Erscheinungen und Geschehnisse der physischen Welt nur dann wirklich verstanden werden können, wenn man die Hintergründe und Ursachen der geistigen Welt kennt, aus denen sie herrühren. Beim Menschen geht er über den sinnlich erfassbaren physischen Körper hinaus in die physisch unsichtbaren und nicht messbaren Bereiche. Er verweist auf das, was den Menschen erst zu einem wahren Menschen macht, nämlich

Seele und Geist. Vor über 100 Jahren kündigte er schon die Notwendigkeit eines neuen Bewusstseins-Zeitalters an. Er lehrte vor allem die dringende Notwendigkeit einer Schulung des Geistesbewusstseins. Und genau das fühlen heute immer mehr Menschen und suchen nach neuen geistigen Erkenntnissen.

Einen physischen Körper, Lebenskraft und Seele hat jedes Huhn und jeder Regenwurm. Das Tier besitzt sie für seine Triebe und für seine Instinkte. Nur der Mensch besitzt eine Ich-Individualität mit Geist zum bewussten und kreativen Denken, verknüpft mit einer Seele zum bewussten Fühlen. Die Seele selbst hat verschiedene Aspekte, die Rudolf Steiner in Empfindungsseele, in Verstandesseele und in Bewusstseinsseele unterscheidet. Durch eine Schulung der Seelenkräfte kann der Mensch Herr über seine Triebe werden. Rudolf Steiner zeigt, wie man Seele und Geist trainieren kann, um sie als innere Wahrnehmungsorgane benutzen zu können. Er schildert dies ausführlich in seinem Buch »Wie erlangt man Erkenntnisse der höheren Welten«.

Dieses Buch fiel mir per »Zufall« vor über 30 Jahren zum ersten Mal in die Hände. Seitdem habe ich es oft studiert und versucht, seinen Anweisungen zur Geistesschulung zu folgen. Wenn ich es heute lese, erkenne ich viele Impulse, die ich mittlerweile umsetzen konnte. Ich bin immer noch auf dem Weg, aber einige der Anregungen sind bereits verankerte Bewusstseinselemente, das heißt zu Lebensmustern im Unterbewusstsein geworden. Das fasziniert und begeistert mich. Ich kann die Empfehlung von Rudolf Steiner gut verstehen, der sagte: »Hat der Mensch einen wichtigen Lebenswunsch –

keinen vordergründigen, keinen oberflächlichen, sondern einen tiefgründigen, nach reiflicher Überlegung entstandenen Wunsch –, so soll er diesen Wunsch tief in sein Inneres aufnehmen. Dann werden sich alle Entscheidungen im Laufe des Lebens danach richten, diesem Wunsch immer näher zu kommen.«

Die allermeisten Menschen wissen nicht, dass es Übungsmöglichkeiten gibt, die jeder Mensch erlernen kann (auch Sie), um solch bedeutende Fähigkeiten wie die seelischen und geistigen Wahrnehmungen auszubilden. Sie können lernen, regelrecht hinter das Sichtbare zu schauen. Dieses Buch von Rudolf Steiner zeigt Schulungswege auf, die sicher sind und unsinniges Channeling, spiritistischen Mediumismus oder oberflächliche »Quanteneffekte« durchschaubar werden lassen.

Das, was Sie vordergründig mit dem gewöhnlichen Auge erkennen, besteht – wir erinnern uns – nur aus fünf Prozent sichtbarem Licht. Den unsichtbaren Rest bezeichnen die Astrophysiker als dunkle Materie oder exotische Materie, die bislang noch nicht messbar ist.

Diese für jeden Menschen nutzbare Möglichkeit, ein sicheres Wissen von Unsichtbarem und Unmessbarem zu erhalten, kommt einer Revolution in der Menschheitsgeschichte gleich. In früheren Zeiten war dieses Wissen nur wenigen Eingeweihten vorbehalten. Doch von jetzt an hat jeder Mensch, der sich bemüht, eine Chance, die scheinbar verborgenen Welten zu erkunden. Das bedeutet die Chance einer Evolution der gesamten Menschheit. Rudolf Steiner wollte den Menschen zur Reife seines Bewusstseins anregen und zum Studium der Geisteswissenschaften befähigen, damit er in den Dimensionen seiner Existenz – sowohl in der Naturwissenschaft als auch in der Geisteswissenschaft – tüchtiger wird. Anthroposophie ist also ein Übungsweg für die Seele und den Geist und Rudolf Steiner einer der ganz großen Wegbereiter für die Entwicklung der Geisteswissenschaft und die Wissenschaft vom Unsichtbaren.

Woher aber hatte Rudolf Steiner seine außergewöhnlichen Erkenntnisse? Seine inneren seelischen und geistigen Wahrnehmungsorgane, die beim ungeschulten Menschen wie bei einem Neugeborenen erst am Entstehen sind, waren so ausgeprägt, dass er jederzeit erkennen konnte, was hinter dem Sichtbaren liegt. Diese Hellsichtigkeit war eine große Gabe. Außerdem verfügte er über die Fähigkeit, während des Schlafens bewusst in die Dimensionen der geistigen Welten zu gehen, die für normale Menschen nicht zugänglich sind. Wenn Sie einschlafen, werden Sie bewusstlos, das heißt, Sie haben kein Bewusstsein mehr von Ihrer Seele und Ihrem Geist. Eine kurze Erinnerung von den letzten Minuten vor dem Aufwachen bleibt manchmal als eindrücklicher Traum zurück. Bei Steiner war das anders. Er konnte mit Themen und Fragen des Tages bewusst in den Schlaf gehen und erhielt in einem Wachbewusstsein während des Schlafes die Antworten aus den geistigen Welten. So konnte er auch die zurückliegenden Inkarnationen und das Karma von lange Verstorbenen erkennen. Denn in den höheren geistigen Welten gibt es keinen Raum und keine Zeit. Alles ist gleichzeitig. Steiner besaß außerdem die Fähigkeit, die Informationen der Akasha-Chronik – vergleichbar einer riesigen, unsichtbaren

Festplatte, auf der alles jemals Erlebte gespeichert ist – lesen zu können.

Das klingt erst einmal schier unglaublich. Wie kann ich dennoch davon ausgehen, dass die Welt und unsere Existenz genau so konstruiert sind? Woher kann ich die Sicherheit nehmen, dass diese Informationen aus den geistigen Welten Wahrheiten und keine Irrtümer sind? Diese Fragen sind von höchster Wichtigkeit. Sie entscheiden über die Grundlagen und Glaubwürdigkeit der Geisteswissenschaft. Für die Kontrolle von sicheren Aussagen gibt es mehrere Kriterien:

- Die Schulung des klaren Denkens
- Die Schulung der inneren Wahrnehmungsorgane
- Wiederholte Prüfungen auf Illusion oder Wirklichkeit des Wahrgenommenen
- Übereinstimmungsprüfung der Inhalte geistiger Aussagen mit anderen Kulturbereichen und mit anderen Geistesforschern

Die Erkenntnisse geistiger Wahrheiten stimmen unabhängig von Forschern und von Kulturen auf der ganzen Erde überein. Sie können zwar verschiedene Aspekte darstellen – das hängt stets vom Standpunkt des Betrachters ab –, aber die Kernaussage ist dieselbe und wird bei Annäherung des Betrachter-Standpunkts immer ähnlicher. Das können Sie selbst nachvollziehen, indem Sie sich einen Elefanten von vorn oder von hinten anschauen. Mit großer Wahrscheinlichkeit beschreiben Sie die Schwanzquaste anders als einen Rüssel. Je näher Ihr Standpunkt zum Rüssel ist, desto unschärfer wird Ihre Wahrnehmung des Schwanzes und desto genauer und detaillierter können Sie den Elefantenrüssel charakterisieren. Wichtig jedoch ist zu erkennen, dass Sie einen Elefanten vor sich haben und von welchem Standpunkt aus Sie ihn beschreiben.

Manche könnten mich jetzt dennoch fragen: Das alles soll sichere Aussagen für eine Wissenschaft ergeben? Ich stelle dazu die Gegenfrage: Für wie groß halten Sie die Wahrscheinlichkeit, dass die materielle Naturwissenschaft wirklich sichere Erkenntnisse aus Messungen des nur zu fünf Prozent sichtbaren Teils der Welt finden kann? Welche wahrhaft sicheren Erkenntnisse kann die Naturwissenschaft aus einem milliardstel Teil Masse und aus dem Rest von 99,999999999 % Vakuum gewinnen? Ist die materielle, mineralische Welt beständig, oder ist nach Heraklit alles im Fluss? Was meinen Sie? Was ist überhaupt Grundlage der Wissenschaft und der Philosophie? Darüber hat sich in den 20er-Jahren des 19. Jahrhunderts der berühmte Physiker, Philosoph und Mathematiker Alfred Whitehead Gedanken gemacht: »Jede Philosophie bezieht ihre Farbe von der geheimen Lichtquelle eines Vorstellungshintergrundes, der niemals ausdrücklich in ihrer Gedankenkette auftaucht.« Weiter zeigte er auf, dass eine kleine Bildungselite stets bestimmt, was Wissenschaft ist und was nicht. Der Quantenoptiker Anton Zeilinger greift diesen Wissenschaftszweifel auf und weist in seinem Buch »Einsteins Spuk« darauf hin, dass Wissenschaft auf stillschweigenden und nicht hinterfragten Annahmen beruht, die von einer kleinen Gruppe von Wissenschaftlern bestimmt wird. Oder was sagte der Quantenphysiker Niels Bohr zur Naturwissenschaft der Physik? »Es ist falsch zu denken, es wäre Aufgabe der

Physik, herauszufinden, wie die Natur beschaffen ist. Aufgabe der Physik ist vielmehr, herauszufinden, was wir über die Natur sagen können.«

Der Glaube an die Naturwissenschaft ist bei den heutigen Menschen aufgrund der großartigen technischen Fortschritte grenzenlos. Dennoch beschleicht immer mehr Menschen eine innere Gewissheit, dass die Errungenschaften der Naturwissenschaften nicht der Weisheit letzter Schluss sind. Immer wieder kommt es zu Katastrophen von sogenannten sicheren und sauberen Techniken. Und zunehmend häufen sich innere seelische Desaster von technokratisierten Menschen. Unter Technokratie versteht Carl Friedrich von Weizsäcker die Zunahme von Bürokratie und Kontrolle.

Sie können erkennen: Der Wahrheitsgehalt der Naturwissenschaft ist relativ und subjektiv gültig, abhängig von dem, was die Sinnesorgane erkennen, was sie sehen und beobachten können – solange keine unvorhersehbare Katastrophe auftritt. Der Wahrheitsgehalt der Geisteswissenschaften ist dagegen allgemeingültig. Der Geist ist die Grundlage für die Materie. Materie ist wie das »gefrorene Wasser«. Der Geist ist wie das »aufgetaute Wasser«. Die kreativen Gedanken des Geistes schaffen Wirklichkeit, sie verdichten sie bis zur Materie.

Sollte trotz meiner Ausführung jemandem bange sein, möchte ich gern noch erläutern, warum die Anthroposophie Rudolf Steiners keine radikale Doktrin ist, vor der man Angst haben muss. Die Anthroposophie ist weder eine Ideologie noch ist sie eine Doktrin. Sie ist ein geistiger Schulungsweg zur Erkenntnis der geistigen Dimension des Kosmos, um im Leben tüchtiger zu werden. Die geheimnisvollen Hintergründe der verborgenen Welten, die hinter der Welt der Naturwissenschaft liegen, sind das Ziel des Erkennens. So wenig wie die Naturwissenschaft radikal ist, so wenig ist die Anthroposophie radikal. Haben Sie Angst vor der Naturwissenschaft, so könnten Sie diese radikal nennen. Haben Sie Angst vor geistigen Erkenntnissen, so können Sie diese ebenfalls radikal nennen. In Wirklichkeit aber haben Sie Angst vor der Wahrheit. Die Angst kommt von Unwissenheit und Hilflosigkeit gegenüber den materiellen und/oder den geistigen Erkenntnissen.

Die Anthroposophie sucht offen die wahren Erkenntnisse aus allen Bereichen, die hinter dem materiellen Vordergrund liegen. Sind Sie selbst ein Suchender und offen für neue Wahrheiten, so wird die Anthroposophie Ihnen spannende neue Informationen geben. »Nicht durch Diskussion und logische Gründe soll sie bewiesen werden, sondern ins Leben eingeführt soll sie diejenigen Menschen, in die sie einfließt, heil und gesund machen (...)«, sagt Rudolf Steiner in seinem Band »Weisheit und Gesundheit«. Haben Sie das erst einmal verinnerlicht, kehren Sie freiwillig nicht mehr zu Ihren alten Denkmustern zurück. Ihre Matrix wandelt sich unaufhörlich, solange Sie bereit sind, neue Erkenntnisse aufzunehmen. Die Erkenntniskräfte dazu lassen Sie lebenstüchtiger und lebensfroher werden. Rudolf Steiner lehrt in »Anthroposophie, Menschenerkenntnis und Medizin«: »Dann muss man aber eine Erkenntniskraft ausbilden, die im gewöhnlichen Leben nicht als Erkenntniskraft genommen wird: Man muss die Liebe ausbilden als Erkenntniskraft, das selbstlose Hinausgehen in die Dinge und Vorgänge der Welt. Bildet man diese

Liebe immer mehr und mehr aus, sodass man tatsächlich sich hinaustragen kann in den Zustand, den ich eben geschildert habe, wo man leibfrei, körperfrei die Welt anzuschauen vermag, dann lernt man sich vollständig erfassen als geistiges Wesen in der geistigen Welt. Dann weiß man, was der Mensch als Geist ist, dann weiß man aber auch, was Sterben heißt, denn im Tod legt der Mensch seinen physischen Leib tatsächlich ab.« Mit Offenheit, Liebe und Selbstlosigkeit zugleich durch die materielle und geistige Welt zu gehen und geistige Erkenntnisse geradezu aufzusaugen wird Ihnen zu einem inneren Herzensbedürfnis, wie Essen und Trinken ein inneres Magen-Darm-Bedürfnis sind. Die Anthroposophie ist also keine »radikale Doktrin«, sondern im Gegenteil ein achtsamer und liebevoller Erkenntnisweg der kosmischen Dimension von Werden und Vergehen. Das macht sie sympathisch, dynamisch, hoffnungsvoll und offen für die Fülle der Schöpfung.

Das Abschiednehmen von der materiellen Welt

Tauchen wir nun ein in die letzten Wochen eines Erdenlebens, um den Gang unseres Körpers, unseres Ätherleibs, unseres Geistes und unserer Seele zu beschreiben. Das Sterben ist ein Prozess, der die Bewusstseinsfähigkeiten des Menschen erhöht. Über Bewusstsein verfügen nur Lebewesen, die sterblich sind beziehungsweise permanente Sterbeprozesse erfahren. Körperliche Sterbeprozesse passieren in jedem einzelnen Moment unseres Tagesbewusstseins. Denn Bewusstsein entsteht nur durch Abbau von Lebensprozessen, durch

Tod. Pflanzen oder Tiere, die keinen Abbau durchmachen und vegetativ leben, entwickeln kein Bewusstsein. Normalerweise wird diesen Abbauprozessen im menschlichen Organismus in der Nacht entgegengearbeitet, wenn sich Geist und Seele entfernt haben und mit ihnen das Bewusstsein den Körper verlassen hat. Der Aufbau im Schlafzustand geschieht nicht durch unsere eigenen »bewusstlosen« Fähigkeiten. Diese Arbeit ist die Tätigkeit der höheren geistigen Hierarchien aus den Erzengelrängen. Davon gibt es unzählige in der geistigen Welt, nicht nur einen Michael, Gabriel oder Raphael. Sie erschaffen im Schlafzustand in bedingungsloser Liebe die Regeneration für jeden Menschen, egal ob gut oder böse. Denn diese Urteile haben in der geistigen Welt keinen Bestand. Jeder Mensch ist ein Teil des Göttlichen und bekommt ohne Unterschied das Geschenk des Lebens mit lebenslänglicher Regeneration durch die Erzengel. Wozu allerdings der Mensch das Geschenk und die Regeneration nutzt, ist seine individuelle Angelegenheit und absolute Freiheit. Die Folgen prägen den jeweiligen Zustand seines Körpers und seines persönlichen Karmas.

Mit der Geburt beginnt der Tod. Er wird durch die Zeit bestimmt, außerhalb der Zeit gibt es keinen Tod. Alles was einen Anfang hat, hat auch ein Ende. Das oberste Gesetz der materiellen Welt ist der Wandel. Es gibt nichts Beständiges.

Laotse schrieb im Tao Te King: »Darum der Weise: Er erzeugt und besitzt nicht. Er wirkt und hängt nicht daran. Ist das Werk getan, verweilt er nicht dabei. Eben, nur weil er nicht verweilt, darum verliert er nichts.« Solange wir etwas in Raum und Zeit festhalten wollen, werden wir es verlieren.

Sie werden in der Raumzeit der physischen Welt immer den Wandel als das einzige Beständige erfahren. Der Wandel lässt alles Entstandene vergehen. *Die Wandlung ist des Todes geheime Offenbarung!*

In der seelischen Welt gibt es noch die Zeit und damit den Tod. In der geistigen Welt gibt es weder Raum noch Zeit – und daher keinen Tod. Sie verstehen: Mit dem Phänomen der Zeit beginnt der Tod. Mit der Geburt beginnt der Tod. Mit dem Auftauchen aus dem Strom des Lebens in einen Zeitvektor beginnt der Tod. Doch Sie wissen auch: Tod ist Verwandlung. Der Strom des Lebens hingegen ist unsterblich. Nur die Trennung von dem Strom bewirkt die Zeit und damit den Tod. Die Trennung beginnt mit dem Eintauchen in die Materie: Das ist der Anfang der Inkarnation. Anfang und Ende haben ihre Zeit. **Zeit ist Tod.**

Alterung hat häufig ihre Ursache in mangelndem Abbau. Dieser führt zu einer Erstarrung und die wiederum zu mangelndem Aufbau. Sie kennen diese Altersstarrheit, die unabhängig vom biologischen Alter auftritt. Sie betrifft Körper, Seele und Geist und wirkt der Erzengelarbeit entgegen. Der menschliche Körper nimmt immer weniger Lichtkräfte auf, seine Lebenskräfte schwinden. Als Folge kommt es zur Sklerosierung oder expansiver Fettsucht, und der Mensch geht mit der Zeit den Weg seiner körperlichen Zerstörung. Wenn wir nun unserem Tod entgegengehen, beschleunigt sich der Abbau der Lebenskraft, dadurch kann das Bewusstsein von Geist und Seele erheblich zunehmen.

Und wie äußert sich das? Die persönliche Lebensrückschau kann als Phänomen schon Tage, Wochen oder gar Monate vor der Ablösung vom materiellen Körper beginnen. Der Ätherleib beginnt sich vom physischen Körper zu lösen. Häufig geht dieser Vorgang mit schmerzhaften Erkrankungen einher und lässt alte seelische Wunden und »Herzensbrüche« wieder aufreißen. Dabei kommen starke Gefühle aus dem Unterbewusstsein, aus den Tiefen der Seele hoch. In dieser Phase haben wir Menschen zunehmend ungehinderten Zugang zu unserem ganzen Leben und können plötzlich mit einer Klarheit aus unserer Vergangenheit erzählen, die vorher unmöglich war. Ist jemand an den großen Lebensfragen interessiert, kann er sogar Erkenntnisse erlangen, die er vor zehn Jahren niemals erhalten hätte. Wer bin ich? Wo komme ich her? Was ist der Sinn meines Lebens? Wer ist Gott? Wie hängen Mensch und Kosmos zusammen? Warum habe ich diese Situationen so erlebt und nicht anders? Warum habe ich mir ausgerechnet diese unmögliche Familie oder diesen schwierigen Partner für meinen Lebensweg herausgesucht? Warum ist meine Beziehung gescheitert? Warum habe ich lieber Mensch Feinde? Warum habe ich diesen anstrengenden Beruf? Warum hat mir jener Mensch diesen wichtigen Impuls gegeben? Was hat sich dadurch geändert?

Erkenntnisse und Antworten auf diese Fragen nehmen vor unserem Abschied gewaltig zu. Die Qualität der Antworten hängt jedoch davon ab, ob man sich sein Leben lang nur zum Kaffeekränzchen mit Schwarzwälder Kirschtorte getroffen und dabei den Klatsch und Tratsch aus Nachbarschaft und Boulevard durchdekliniert hat oder ob man sich bereits vorher schon einmal mit Achtsamkeit geisteswissenschaftlichen Themen zugewandt hat.

Ist das nicht interessant? Mit dem Abnehmen der Lebenskräfte steigen immer mehr Bewusstseinskräfte auf. Oder anders gesagt: Mit dem Abbau des sichtbaren Körperlichen wächst das unsichtbare Immaterielle. Das zeigt deutlich, dass die in der Materie gespeicherte geistige Information mit Auflösung oder »Schmelzen« der Materie wieder freigesetzt wird und sich mit ihrem Ursprung, dem Geist, verbindet. Je näher wir dem Todeszeitpunkt kommen, desto mehr nimmt unsere Lebensrückschau zu – sofern wir dazu zeitlich in der Lage sind. Das führt mitunter auch dazu, dass Sterbende ihre Verwandten noch einmal zusammenrufen, um ihnen wichtige Korrekturen und Erkenntnisse mitzuteilen. Andere segnen ihre Angehörigen oder versöhnen sich mit ihnen, bevor sie gehen. Manche verfluchen ihre Angehörigen aber auch. Davon berichtete mir eine Patientin, deren Vater sich auf die Weise verabschiedet hatte. Wie schrecklich, wie hoffnungslos. Wie viel Hass nimmt ein solcher Mensch mit in seine geistige Heimat. Wie viele unverrückbare Tatsachen hat dieser Mensch in seiner geistigen Welt erschaffen? Die letzten Einfälle und Äußerungen hängen vom moralisch-ethischen Reifeprozess ab. Ist jemand sein Leben lang nicht einsichtig geworden, war er nie fähig zu verzeihen oder sein Ego zurückzufahren, können hasserfüllte Bösartigkeiten hervorbrechen und für die Angehörigen zu einer ungeheueren Belastung werden.

Die Lebenspanoramaschau kann sich über einen längeren Zeitraum hinziehen oder verdichtet an wenigen Tagen stattfinden. Man kann allerdings nicht nach dem Motto kombinieren: Hat jemand diese oder jene Rückschau, wird er übermorgen sterben. Das funktioniert nicht. Aber durch bestimmte Äußerungen könnte man erahnen, dass sich eine Geistseele mit ihrem Bewusstsein auf ihre Verwandlung vorbereitet und bereits in die anderen Welten eintaucht, um irgendwann gar nicht mehr zurückzukommen.

Bei meinen Töchtern ist mir selbst im Nachhinein nichts aufgefallen, was auf einen Abschied hätte deuten lassen. Der Unfall kam sehr plötzlich. Nur meine Tochter Constanze hatte in den letzten Monaten und besonders in Südafrika einen unglaublichen Drang, alles Mögliche noch zu besichtigen. Aber ihnen war schon seit Jahren klar, dass sie Bürger zweier Welten sind. Bei meiner Frau dagegen habe ich einen langen, vorbereitenden Prozess miterleben dürfen, der mehr als zwei Jahre dauerte. Ihr war es verstärkt um die Frage gegangen, was Tod eigentlich bedeutet und was uns danach erwartet. Wie bereits angedeutet, war ihre wichtigste Erkenntnis, sich im Hier und Jetzt – so gut es nur geht – mit Jesus Christus zu verbinden. Warum sie das tat, erkläre ich Ihnen später.

Begeben wir uns nun in die letzten Stunden des Lebens. Nehmen wir an, jemand liegt schon in Agonie auf dem Sterbebett und kann nicht mehr kommunizieren, dann geben die Veränderungen des physischen Körpers Auskunft über das Gehen des Menschen. Der Verfall ist an der Hautfärbung zu erkennen, denn die Äther-Lebenskraft schwindet allmählich. Ein weiteres Indiz ist der Wasserhaushalt. Ist der Mensch ausgetrocknet oder aufgeschwemmt, deutet das darauf hin, dass er das Wasser als Träger der Lebenskraft nicht mehr funktionsgemäß in seinem Körper verteilen kann.

Hat der Sterbende Schmerzen, und wird der Schmerz stärker und stärker, kann dies für das Bewusstsein als eine Art Türöffner wirken und dazu führen, sich gegen seinen Körper zu entscheiden, weil er für dieses Leben nicht mehr brauchbar ist. In solchen Phasen kann es manchmal zu Nahtoderlebnissen kommen, Seele und Geist lösen sich vom Körper und betrachten die Situation, in der sich der materielle Körper befindet, abgehoben und völlig schmerzfrei von außen. Diese Ablösung muss nicht endgültig sein. Der Ätherleib, Astralleib und Geist sind anfangs noch wie durch eine Silberschnur mit dem Körper verbunden. Erst wenn diese durchtrennt ist, können sich Seele und Geist endgültig vom physischen Körper lösen. Die Entscheidung hängt letztlich vom Geist ab und von karmischen Verknüpfungen, also der Frage, ob man noch etwas auf der Erde zu erledigen hat. Ein Nahtoderlebnis kann dazu führen, dass man sich nach seiner Rückkehr total verändert, sich an moralischen Maßstäben orientiert und ein neues Leben beginnt. Ob es weitergeht oder nicht, wie der Kampf am Rande des Operationstischs ausgeht, wann ein Totgeglaubter unverhofft wieder aufsteht, darauf hat der Arzt direkt keinerlei Einfluss – auch wenn er es vielleicht denkt. Elisabeth Kübler-Ross und Raymond A. Moody haben schon vor über 25 Jahren intensiv zu diesem Thema geforscht und die Wissenschaft mit ihren Nahtoderkenntissen in Erstaunen versetzt. Auch die Beobachtungen von Pim van Lommel sind sehr aufschlussreich. Viele Menschen, die klinisch bereits tot waren, konnten über die Nahtoderlebnisse berichten. So waren sie in der Lage, ihre Reanimation mit klarem Bewusstsein von außerhalb des Körpers wahrzunehmen und in allen Details schildern.

Verlassen der Ätherleib und der Geist mit der Seele im Moment des Todes für immer den Körper, passiert am Sterbebett etwas ganz Interessantes. Es kommt zu deren Vergrößerung und Ausdehnung, und sie gehen in alles über, was sich in ihrer Umgebung befindet – in den Tisch, in den Schrank, in die Wände, auch in die Angehörigen, wenn sie es bewusst zulassen. Da Ätherleib, Seele und Geist masselos sind, können sie sich mit unendlicher Geschwindigkeit ausbreiten. Das heißt, sie sind unverzüglich überall. Die Geistseele huscht dabei nicht mit Überlichtgeschwindigkeit um die Ecken oder saust durch überirdische Tunnels, sondern ist einfach jeden Augenblick da, wo sich die Absichten des Geistes hinwenden. Die Ätherkräfte, die vorher im Körper gebunden waren, verteilen sich. Es werden sehr große Energien freigesetzt, die für die Anwesenden zur Verfügung stehen. Für manche Menschen ist diese Kraft spürbar – egal, ob sie das Sterben eines Familienmitglieds hautnah miterleben oder sich in der Ferne befinden und gerade etwas völlig anderes tun. Sie ist vor allem dann spürbar, wenn man intuitiv begabt ist oder eine emotionale Verbindung zu der geliebten Person gehabt hat. So kann es zu den unterschiedlichsten Reaktionen unseres sensibelsten geistigen Sensors, des Herzens kommen: Es kann überlaufen, es kann zerreißen, es kann stehen bleiben. Wir alle kennen dies aus Redewendungen. Ich selbst habe solche Reaktionen bei meinen Patienten erlebt. Die Reaktionen sind abhängig von der Bewertung des Ereignisses. In manchen Fällen kann auch die Wanduhr stehen bleiben oder ein Bild von der Wand fallen. Aus Kriegszeiten gibt es viele derartige Beobachtungen.

Ein kleiner Exkurs in die Welt der alten Maya gefällig? Viel ist bekannt über ihre mitunter grausamen Opferrituale. Das Kostbarste, was man opfern konnte – so waren sie sich sicher – war die kosmische Energie, die sich im höchsten aller Lebewesen gesammelt hatte, im Menschen. Einen Menschen ihrem Gott darzubringen galt als die höchste Opfertat. Und die Maya perfektionierten diesen Brauch. Sie spannten den ausgewählten Menschen auf einen bogenartig gekrümmten Opfertisch und entnahmen ihm mit einem einzigen Schnitt den Magen. Durch dieses grausame, schmerzhafte Schockerlebnis trennte sich die Seele sofort vom Körper. Die Kunst der Mayapriester bestand nun darin, sich mit ihrer eigenen Seele an die Seele des Opfers zu haften, mit ihr in die kosmischen Sphären aufzusteigen und dadurch Erkenntnisse zu erlangen. Dieses Wissen brachte große Vorteile und Macht für die Führer der Maya. Rudolf Steiner weist auf diese Praktiken in seinen Vorträgen über die Inkapriester hin.

Aber zurück zu unseren Breiten. Der Ätherleib eines Verstorbenen löst sich innerhalb der ersten drei Tage auf. Er geht in den Ätherleib der Erde über. Während der Zeitspanne von 72 Stunden kann der Ätherleib jedoch auch in den tot geglaubten Menschen zurückkehren. Er bewegt sich in seinem gewohnten Lebensbereich. Der Ätherleib ist der Sitz der Gewohnheiten. In ihm ist die Matrix aller Lebensmuster gespeichert. Geist und Seele suchen, geleitet von Gedanken und Gefühl, die vertrauten Lebensbereiche wieder auf. Der Raum ist aufgehoben. Pim van Lommel konnte 2007 zum Erstaunen der konventionellen Wissenschaften medizinisch nachweisen, dass das Bewusstsein nicht an den physischen Körper

gebunden ist, sondern auch außerhalb von diesem Wahrnehmungen hat. Laut Daskalos wissen 80 Prozent der Verstorbenen nicht, dass sie tot sind. Daher läuft in der ersten Zeit
nach dem Tod das Leben in gewohnten Mustern weiter (je
unbewusster ein Leben, desto konformer die Matrix): morgens aufstehen, frühstücken, Espresso trinken, zu Arbeit
gehen, abends müde nach Hause kommen, fernsehen, Bier
trinken, schlafen, morgens aufstehen ...

Solange der Ätherleib mit der Geistseele verbunden ist,
können die zuvor geschilderten Epiphänomene, wie sichtbare Gestalten oder ein Lufthauch entstehen. Besteht noch eine
Verbindung zwischen Ätherleib, Geist und Seele, können gemeinsame Erlebnisse mit dem Verstorbenen in wunderbaren,
exakten Erinnerungen auftauchen.

Dies alles ist der Grund für die dreitägige Totenwache, die
es in unserem Kulturkreis jahrhundertelang gegeben hat, heute aber nur noch vereinzelt praktiziert wird. Verstorbene
packen wir heute viel zu schnell bei Minusgraden ins Leichen-
schauhaus. Doch kehrt der Ätherleib in den Körper zurück,
besteht auch für die Geistseele die Möglichkeit, das Leben darin noch einmal zu manifestieren. Will sich die Geistseele mit
einem völlig unbrauchbaren physischen Körper nochmals
verbinden, kann dies starke Seelenqualen zur Folge haben –
was ein großes Problem bei der Organtransplantation ist.
Ab welchem Zeitpunkt ist ein Mensch wirklich tot? Wenn
das Herz stillsteht oder keine Gehirnströme mehr nachzuweisen sind? Pim van Lommel berichtet über etliche Nahtoderlebnisse, die von Menschen in solchen Zuständen noch
wahrgenommen wurden. Sie konnten trotz Herzstillstand

und EKG-Nulllinie genau verfolgen, was mit ihrem Körper in diesen Augenblicken geschah. Wann ist eine Organentnahme vor diesem Hintergrundwissen ethisch und moralisch erlaubt? Ruediger Dahlke greift in seinem Buch »Von der großen Verwandlung« dieses Thema eindrücklich auf und weist auf das Problem der professionellen Organauswertung hin.

Das Verlassen der materiellen Welt

Hat sich der Ätherleib endgültig gelöst, gehen wir auf dem Weg, auf dem wir gekommen sind, zurück in unsere Heimat. Die meisten definieren ihre Heimat natürlich hier auf der Erde – dort, wo man geboren wurde und aufgewachsen ist, beziehungsweise dort, wo man Ankerplätze eingerichtet hat. Das ist nachvollziehbar und für den physischen Körper stimmt das auch. Integrieren wir aber die geistigen Dimensionen in unser Leben, erkennen wir, dass unsere wahre Heimat die des Geistes und die der Seele ist. Von dort kommen wir und dahin gehen wir. Es ist der Gang in das klarere und hellere Bewusstsein, das wir Tod nennen. Das hellste Bewusstsein kann man auch als Licht oder Liebe bezeichnen. Es ist der Gegensatz zu dem dumpfen Tagesbewusstsein, das uns nach der Geburt durch das Leben begleitet und die Lebensentscheidungen so unübersichtlich werden lässt. Mit diesem Bewusstsein verbinden wir uns mit der Erde und lernen, gewisse Ankerplätze zu lieben. Wie solch ein Heimatbewustein auf der Erde entsteht, möchte ich Ihnen anhand einer modernen Form des platonschen Höhlengleichnisses zeigen. Falls Sie es nicht kennen sollten, macht das nichts. Sie bekommen es in wenigen Minuten erklärt.

Die alte Platon-Höhle im neuen Lichte

Stellen Sie sich vor, Sie kommen gerade von Ihrem Arzt, einem Spezialisten für Ganzheits- und Quantenmedizin, der Ihnen verkündet hat: »Passen Sie auf, Sie haben nur drei bis fünf Prozent Sehfähigkeit für alles Sichtbare.« Völlig erschüttert rufen Sie Ihren besten Freund an. Er ist Beamter im Versorgungsamt. Ein Beamter, der sein Amt mit Ernst und Umsicht ausführt. Bevor Sie weitersprechen können, fällt er Ihnen ins Wort und meint schockiert: »Mein Gott, dann bist du ja so gut wie blind.« Und er zählt sofort alle notwendigen Maßnahmen auf, die Sie in dieser misslichen Situation treffen müssen:

- Antrag auf Schwerbehindertenausweis
- Eintritt in den Blindenverein
- Erlernen der Blindenschrift
- Besorgung von Armbinde und Blindenhund
- Antrag auf Steuerermäßigung
- Befreiung von der Medikamentenzuzahlung

Damit könnte man seinem Wissensstand zufolge die gravierende soziale Benachteiligung im alltäglichen Berufs- und Privatleben erträglicher machen. Und er führt das ganze Netzwerk sozialer Absicherung unseres gut ausgebauten Sozialstaats in einem nicht enden wollenden Redeschwall auf.

Beim ersten Atemholen fallen Sie ihm ins Wort: »Der Arzt meinte übrigens, dass eigentlich alle Menschen diese Art von

Sehbehinderung hätten. Er konnte das bei allen seinen Patienten bisher feststellen, auch bei sich selbst und sicher würde er das auch bei dir diagnostizieren.«

Darauf er entrüstet: »Jetzt schlägt es aber 13, bei mir nicht, ich sehe ohne Brille immer noch hervorragend. Das hat mir mein Augenarzt erst vor drei Wochen anlässlich eines Sehtests schriftlich bestätigt. Was hast du denn da für einen Arzt? Ist das überhaupt ein richtiger Arzt? Und woher will der das überhaupt wissen?«

»Ja, das ist schon ein richtiger Arzt«, entgegnen Sie etwas kleinlaut, »und genau diese Frage habe ich ihm auch gestellt. Da meinte er, das hätten die Astrophysiker schon vor acht Jahren entdeckt.«

»Ach, du meinst die Sternengucker?«

»Ja, die Sternengucker. Außerdem sagte er noch, dass der Rest, den wir nicht sehen, dunkle, exotische Materie sei. Und außerdem hätte der Philosoph Platon schon vor 2400 Jahren in seinem Höhlengleichnis auf unsere Sehbehinderung hingewiesen.«

»Na, das sind aber olle Kamellen – Platon vor fast zweieinhalbtausend Jahren! Wir leben immerhin im 21. Jahrhundert. Oder du vielleicht nicht?«, meint er schließlich etwas ironisch.

»Natürlich leben wir im 21. Jahrhundert, dem Jahrhundert, in dem die Erkenntnisse der Quantenphysik schon über 100 Jahre alt sind. Sag nur, du kennst die Grundlagen der Quantenphysik oder gar das Höhlengleichnis nicht?«

Darauf hören Sie ihn murmeln: »Nicht wirklich, so alte Geschichten gehören in das Reich der Sagen von Griechen und Römern. Und Quantenphysik muss ich wohl verschlafen haben, davon verstehe ich nun wirklich nichts, das muss ich zugeben.«

»Das sind keine alten Sagen der Griechen. Das Höhlengleichnis ist absolut aktuell. Und in der Schule konntest du nichts verschlafen. Die Quantenphysik steht auch im Jahre 2011 immer noch nicht auf dem Lehrplan. Hör mal zu ...« Sie fühlen sich in Ihrem Element und beginnen zu erzählen:

»In einer Höhle befinden sich Menschen angekettet mit dem Rücken zum Höhlenausgang. Von dem Ausgang dringt ein schwacher Lichtschimmer in die Höhle und wirft ihre Körperschatten an die Höhlenwand. Die Menschen sehen ihr ganzes Leben lang nur ihre Schatten an der Wand und betrachten sie als ihre einzige Realität. Sie bilden Spezialisten aus, sogenannte Schatteninspektoren, die sie Wissenschaftler nennen. Mit geschärften Blicken beobachten und fotografieren diese die Schatten an der Höhlenwand und vermessen und katalogisieren sie akribisch mithilfe der neusten Technik. Natürlich tauschen sie in hochkarätigen Höhlenkongressen ihre wichtigen wissenschaftlichen Forschungsergebnisse aus, die sie peinlichst genau dokumentiert haben. Die Forschungsergebnisse können dank der modernsten Computerrechenanlagen in einer bisher unermesslichen Fülle gespeichert, simuliert und statistisch verifiziert werden. Die Schattenforscher sind stolz auf ihre Wissenschaft und stellen unter den Höhlenbewohnern eine Elite mit bestem Einkommen und hohem sozialem Prestige dar. Sie werden mit hoch dotierten Forschungsgeldern, Auszeichnungen, Privilegien und attraktiven Geschenken belohnt. Schließlich ist die Schattenforschung ein entbehrungsreicher Job, der schon so mancher Höhlenfamilie den Garaus gemacht hat – angeblich wegen Arbeitsüberlastung des Höhlenvaters. Sein Höhlenvaterarbeitstag sieht so aus: abends spät nach Hause kommen, Füße unter den Tisch strecken, beim Fernsehen einschlafen, morgens spät aufwachen, den ganzen Tag bis in die Puppen malochen, abends die Füße unter den Tisch strecken, beim Fernsehen einschlafen ... Und am Wochenende: Schattenkongresse. Bei diesen Kongressen werden tiefschürfende Erkenntnisse, Forschungsergebnisse und theoretische Gedankenexperimente im wissenschaftlichen Streitgespräch ausgefochten. Natürlich verfolgen kriegerische und kaufmännische Fraktionen der Höhlenmenschen die Forschungen mit hohem Interesse. Sobald sie nur den geringsten Vorteil wittern, bieten sie dem jeweiligen Forscher viele Höhlensteine für die Überlassung und Anwendung der Schattenforschungsergebnisse. Nicht selten gibt es unter den Höhlenmenschen sogar Mord und Totschlag, nur um eines Schattenvorteils willen. Eines Tages gelingt es einem besonders neugierigen Forscher, sich loszubinden und aus der Höhle zu fliehen.

Anfangs kann er, vom Licht völlig geblendet, so gut wie gar nichts sehen. Nach und nach lernt er mühselig Umrisse, Farben, Bäume, Gräser und Tiere wahrzunehmen. Fassungslos steht er oft nur blinzelnd und glotzend da und kommt aus dem Staunen nicht heraus. Er macht nach Vorschriften der Höhlenwissenschaft genaueste Aufzeichnungen und sammelt so viele Beweisstücke, wie er nur finden kann. Als die Sammlung des wissenschaftlichen Materials an Umfang so zunimmt, dass sein Lager überzuquellen droht, erinnert er sich an seine Höhlenkollegen und sagt zu sich: Das kann ich nicht für mich allein behalten, das muss ich auf dem nächsten Höhlenkongress vortragen. Das ist revolutionär! Das ist eine Sensation! Damit werde ich der größte und berühmteste Schattenforscher im ganzen Höhlenreich sein. Dafür ist mir der LeboN-Preis sicher. (Der LeboN-Preis ist der höchstdotierte Forscherpreis für revolutionäre Schattenforschung, eine Art Nobelpreis der Höhlenmenschen.) Und so kehrte er mit einer Fülle von unglaublichen, noch nie da gewesenen Forschungsergebnissen zurück – zurück in seine altvertraute Höhle, in der er sich erst wieder an die gottverdammte Dunkelheit gewöhnen musste.

Noch überwältigt und ergriffen von seinen großartigen Eindrücken, schildert er auf dem nächsten Höhlenkongress voller Begeisterung seine Forschungen, zeigt stolz die gesammelten Beweisstücke von all den Farben, den Pflanzen und vor allem von der Fülle des unglaublich hellen Lichtes, das er zu sehen und zu erforschen gelernt hatte.

Die Höhlenkommission der Wissenschaftler lauscht erst neugierig, dann zunehmend kritisch seinen Ausführungen. Die sagenhaften Licht-Beweisstücke werden nicht zur Kenntnis genommen, sie werden nicht einmal angeschaut. Es bilden sich Gruppen, die ihm kopfschüttelnd verstohlene Blicke zuwerfen. Dann hört man die näselnde Stimme des führenden Schattenforschers und mehrfachen LeboN-Preisträgers, der abschätzig sagt: »Tut mir leid, Herr Kollege, das widerspricht allen unseren wissenschaftlichen Forschungen, die seit vielen Jahrzehnten anerkannt sind. Ihre Forschungsergebnisse können nicht korrekt sein, die Wissenschaft ist anderer Meinung.

Wir wissen anhand der Arbeiten von Generationen von Höhlenforschern schließlich genau, was richtig und was falsch ist. Ihre Arbeit ist ein Plagiat aus einem Fantasieroman. Oder wagen sie es etwa, der bisherigen Wissenschaft zu widersprechen?« »N-n-nein g-g-gewiss n-n-nicht«, stottert der verunsicherte Lichtforscher. Dann wendet er ein: »Aber ich habe es doch mit eigenen Augen gesehen, und die Beweise liegen alle offen auf dem Tisch. Ich habe recht, schauen Sie doch b-b-bitte, v-v-verehrte Kollegen, schauen Sie doch b-b-bitte her!« Die Schattenforscherkollegen blicken jedoch kopfschüttelnd in die andere Richtung.

Am nächsten Tag bekommt der völlig frustrierte Forscher erstens die fristlose Kündigung, zweitens die Aufhebung seines Forschungsauftrags und drittens eine Zwangseinweisung in die geschlossene Abteilung der psychiatrischen Höhlenanstalt »Lichtblendung«. Diese liegt in der finstersten Ecke der Höhlenregion. Auf der Einweisung steht der Vermerk: »schwere Psychose schizophrenen Typs mit Lichthalluzinationen! Therapie eines krankhaften, fantasierenden Geisteszustands.« Der Forscher grübelt und grübelt, bis ihm ein Licht aufgeht: Ja, natürlich, das waren die Vorbereitungen für seinen verdienten LeboN-Preis! Dennoch rätselt er weiter, ob er diesen Voraussetzungen zustimmen soll, nur um den begehrten LeboN-Preis in Empfang nehmen zu können.

Ihr Freund ist still geworden. Nach einer längeren Pause, in der man sein Gehirn am Telefon förmlich rattern hörte sagt er: »Das mit den fünf Prozent sichtbarem Licht stimmt. Ich habe soeben im Internet, dem weltweit schlausten Professor, nachgeforscht. Und siehe da, es gibt eine

Vielzahl von Vorlesungen über die unsichtbare dunkle Materie im Fach Physik. Zurzeit an allen namhaften physikalischen Instituten!«

»Ja, ist das nicht interessant? Wie kann man denn Vorlesung über etwas halten, was man zu 95 Prozent weder sehen noch wissen kann?«

»Das ist noch nicht alles, was ich zum Thema Materie gefunden habe«, hören Sie Ihren Freund sagen. »Die sichtbare Materie besteht den Forschungserkenntnissen des Nobelpreisträgers von 1982, Carlo Rubbia, zufolge nur zu einem Milliardstel aus Masse und der Rest aus Vakuum. Die Masse selbst besteht aus elektromagnetischen Schwingungen. Das Licht liefert elektromagnetische Schwingungen. Daraus kann man folgern, dass die elektromagnetischen Wellen des Lichtes die Ursache der Materie sind. Aber jetzt bist du wohl geschockt, nicht wahr?«

Natürlich sind Sie geschockt, zumal aus der modernen Quantenphysik bekannt ist, dass das, was wir als die Wirklichkeit ansehen, ein Produkt unseres eigenen Bewusstseins ist. Die Quantenphysik sagt, dass wir die Wirklichkeit permanent aus dem Vakuum, auch Nullpunktfeld oder Zero Point Field genannt, erschaffen. Demnach wäre das Licht der Urgrund alles Wahrnehmbaren? Möglicherweise der Ursprung alles Existierenden? Das kann die Naturwissenschaft nicht verstehen. Doch steht nicht im Prolog des Johannes-Evangeliums »(...) und nichts von dem Entstandenen ist außer durch Es [dem Wort, Anmerk. des Verf.] entstanden, in ihm war das Leben, und das Leben war das Licht der Menschen«?

Vielleicht hilft Ihnen diese kleine Geschichte, das, was ich Ihnen im Folgenden über unsere Existenz erzählen werde, besser zu verstehen.

Mit der Ablösung des Ätherleibs beginnt die große Reise und die Wandlung des Menschen im Bereich des Unsichtbaren und Nichtmessbaren. (Zum Verständnis: Auch den Ätherleib kann die Physik nicht direkt messen, nur dessen Wirkung auf das Mineralische.) Spätestens ab diesem unsichtbaren Lebensbereich können die Naturwissenschaften keine Aussagen mehr machen. Hier beginnt das Gebiet der Geisteswissenschaft, die ureigene Domäne des Geistes, der Religion. Religion bedeutet Rückbindung an das Geistige. Während der Körper zerfällt und der Ätherleib sich auflöst, bleibt er noch für kurze Zeit mit der Geistseele verbunden. Erst nachdem er sich auch von ihr vollkommen abgelöst hat, beginnt das zweite Leben der Geistseele ohne Ätherleib und ohne physischen Körper. Möglicherweise werden Sie fragen: Gibt es nach dem ersten Leben noch weitere? Wie viele Leben gibt es denn? Kann oder muss man dann jedes Mal sterben, oder ist das schon das ewige Leben? Ja, selbstverständlich gibt es ein weiteres Leben nach dem Leben und so etwas wie den »zweiten Tod«. Auch die Seele trennt sich vom Geist nach ihrer Läuterung oder Reifung ab. Sie wissen ja: In der Seelenwelt gibt es noch das, was wir als Zeit wahrnehmen. Und Zeit ist mit Tod verknüpft.

Nur das **Leben selbst ist unsterblich**. Erst wenn es keine Zeit mehr gibt, hört das, was wir Tod nennen, auf. Doch ich kann Sie beruhigen. Diese Trennung von Seele und Geist, die auch als zweiter Tod bezeichnet wird, ist nicht vergleichbar mit dem zum Tode führenden Leid des physischen Körpers. In diesem nächsten Leben muss die Seele noch weitere Erfahrungen durchleben, die sie im physischen Körper noch nicht vollziehen wollte oder konnte. Erst danach löst sich die Seele vom Geist. Das kann harmonisch, aber auch sehr disharmonisch verlaufen, je nach Reifungsgrad der Seele. Nach der Trennung verweilt sie dann in der sogenannten Sonnensphäre. Wie das geschieht, werde ich Ihnen etwas später schildern.

Nach dem physischen Tod betrachten Seele und Geist – wie außenstehende Beobachter – die Panoramaschau des Lebens, die jedes einzelne Detail der vergangenen Ereignisse und Erlebnisse des Lebens enthält. Der Astralleib, der Sitz der Seele, dehnt sich zusammen mit dem Geist in den Kosmos aus. Ihm sind alle Lebenserinnerungen des Ätherleibs übertragen worden. Der Astralleib ist auch der Sitz des Unterbewusstseins. Das heißt, alles, was wir bewusst oder unbewusst gespeichert haben – und das ist eine ungeheure Menge an Informationen, Verhaltensmustern, Urteilen, Vorurteilen, Sympathien und Antipathien zusammen mit der gesamten Matrix unserer sozialen Umgebung –, befindet sich im Astralleib. Aus diesem Erinnerungsspeicher steigen die Bilder unserer Erlebnisse auf und formen einen Lebensfilm, dessen Bilder wir bei genauer Betrachtung exakt sehen und die damit verbundenen Gefühle genauso exakt wieder erleben. Nichts, aber auch gar nichts geht verloren. Die Betrachtung erfolgt aber – und darin liegt der große Unterschied zum irdischen Leben – in umgekehrter Folge. Zunächst läuft der Lebensfilm rückwärts. Wir gehen vom Tod zurück zur Geburt. Dabei empfinden wir die Gefühle derjenigen, die an unserem Leben teilgenommen haben. Wir fühlen ihre Freude, ihr Glück, aber auch ihren Schmerz und ihre Trauer. Haben wir einem Menschen etwas Böses angetan und hat er dadurch Schmerzen erlitten, fühlen wir seine Pein, als ob es unsere eigene wäre. Haben wir ihm eine Ohrfeige gegeben, spüren wir den Schmerz an uns selbst. Haben wir uns ihm gegenüber moralisch schlecht benommen, erleben wir seine Enttäuschung. Haben wir ihm Gedanken von Hass und Bosheit geschickt, erfahren wir deren Wirkung wie eine festgewordene Tatsache. Wir erleben alle unsere persönlichen Erfahrungen noch einmal im Spiegelbild. Haben wir einem Partner oder einer Partnerin die Liebe vorenthalten, obwohl er oder sie diese gebraucht hätte, dann erleben wir die Trauer und Kummer in unserer eigenen Seele. Wir erleben damit noch einmal, was wir anderen Menschen angetan haben, Gutes wie Schlechtes.

Aus diesen Gefühlen und Erkenntnissen entwickeln sich die Wünsche und Absichten unserer Geistseele: Was möchte ich ausgleichen? Wie möchte ich es wiedergutmachen? Hier entsteht bereits der intensive Wunsch nach der nächsten Inkarnation. Wir erkennen unsere hinterlassenen karmischen Fußspuren und wissen nun genau, welche Menschen beziehungsweise Geistseelen wir im folgenden Leben wiedertreffen wollen. Es sind die, die wir geliebt und die, denen wir unrecht getan haben. Diese Erkenntnis erlangen wir nicht durch uns selbst. Wir erfahren sie durch Christus. Christus hält uns mit großer Liebe und Güte nach dem Tod den Spiegel unseres Lebens vor. Er lässt uns selbst erkennen und beurteilen, was wir ausgleichen und wiedergutmachen wollen. Das ist der Riesenunterschied zum Alten Testament. An dieser Stelle standen früher Moses mit den Gesetzestafeln und Cherub mit dem Schwert. Jede Missetat erhielt ihre Strafe und wurde unnachgiebig geahndet. In Kapitel 12,54 des Lukas-Evangeliums findet sich eine wunderbare Stelle, in der Jesus Christus die Bedeutung des Übergangs vom Alten zum Neuen Testament erklärt: »Wenn ihr eine Wolke heranziehen seht, so urteilt ihr, es komme dieses oder jenes Wetter. So beurteilt ihr durch äußere Zeichen, aber die Zeichen der Zeit versteht ihr nicht. Denn würdet ihr sie verstehen, dann würdet ihr wissen, dass ihr in einer Periode lebt, **wo Gott in das Ich desjenigen hineinziehen muss, der es mit Liebe durchdringt und durchsetzt.** Dann würdet ihr nicht sagen, wir können mit dem leben, was aus Vorzeiten überliefert worden ist. Das geben euch die Schriftgelehrten und die Pharisäer: Die bewahren, was **aus alten Zeiten vor der Offenbarung des Ich** an die Menschheit herangetreten ist, und wollen nichts hinzukommen lassen. **Das Neue ist aber ein Sauerteig, der in der Evolution weiterwirken wird. Und wer sagt, ich will bei Moses und den Propheten stehen bleiben, der versteht nicht die Zeichen der Zeit, der weiß nicht, welcher Übergang in der Menschheit sich vollzieht.«** Rudolf Steiner geht in den Vorträgen »Buddha und Christus« ausführlich auf diese Textstelle ein.

Die Rückschau sollten wir uns also nicht alttestamentarisch vorstellen. Danach standen Geist und Seele als arme Sünder vor den Zehn Geboten und wurden nach dem Abgleich ihrer Taten bestraft. Mit der Inkarnation Jesu Christi hat sich dieses Fegefeuer-Szenario grundlegend geändert. Spiegelt er uns das vergangene Leben, so urteilt er nicht, was

Böse war und was gerade noch so durchging. Vielmehr kommen wir durch unsere eigene persönliche Spiegelbetrachtung zur der Erkenntnis, was wir anders machen möchten. Wir bekommen ein Verlangen, bestimmte Dinge besser zu machen. Wir erleben hier also durch geniale Selbserkenntnis eine Selbsterziehung auf dem Weg zu unserer geistig-seelischen Evolution.

Die Konfrontation mit Jesus Christus ist nicht bloß Sinnbild. Sie ist real. So wie der Mensch zu alttestamentarischen Zeiten die Tafeln des Moses sah, so sieht er heute sein Lebenspanorama – gespiegelt durch Christus. Der Spiegel wirkt durch seine beeindruckende, erhellende Klarheit. Die daraus folgende Erkenntnis entspricht den Bildern, die unsere Seele aufgrund des Lebens auf der Erde abgespeichert hat. Nicht nur wir Christen sehen diesen Spiegel von Christus, alle Menschen – gleich welcher Religion – sehen ihn. Das ist eine unumstößliche Wahrheit. Was die einzelnen kirchlichen Institutionen daraus gemacht haben, ist etwas anderes. In vielen Religionen ist auch der Name für Christus ein anderer. Bei den altindischen Weisheitslehrern, den Rishis, war es Vishva Karman, bei den alten Persern Ahura Mazdao, bei den Ägyptern Osiris und bei den Griechen Apollo mit Dionysos. Der Name änderte sich von Kulturperiode zu Kulturperiode. Er hängt von der Erkenntnisfähigkeit der jeweiligen Weisheitslehrer und Weltanschauungslehrer ab.

Warum ist Jesus Christus, warum sind die Götter, die jede Kultur kennt und anbetet, in diesem Zusammenhang so wichtig? Die wesentlichen Details erkläre ich Ihnen anhand von sieben Fragen:

Wer ist dieser Jesus Christus?

Jesus Christus ist die Inkarnation einer kosmischen Gottheit. Vor 2000 Jahren inkarnierte er sich in dem erwachsenen Jesus aus Nazareth. Dies geschah mit der Taufe in dessen 30. Lebensjahr. Danach wirkte er als Jesus Christus für drei Jahre bis zu seinem Tod.

Den Christus konnten die vergangenen Hochkulturen in einer Art geistiger Schau jenseits von Raum und Zeit erkennen, lange bevor er zu einer Realität auf der Erde wurde. Spirituell geschulte Eingeweihte vermochten in alten Zeiten Ähnliches. Sie hatten noch seelische und geistige Verbindungen zu der Welt, aus der wir Menschen ursprünglich stammen. Diese Verbindungen nahmen im Laufe der Zeit immer weiter ab und sind mittlerweile – mit dem aufkommenden Materialismus – fast verloren gegangen. In der heutigen Zeit sind die Vorstellungen von der materiellen Welt die größten Hindernisse für eine spirituelle Erkenntnis, da wir diese Welt, die aus schwingender und fließender Materie besteht, durch unsere Sinnesorgane wahrnehmen. Und je tiefer wir in diese Welt der Materie eindringen, umso größer wird der Abstand zu der geistigen Welt. Der persische Priester Zarathustra schaute im ersten Jahrtausend vor Christus mit seiner geistigen Verbindung noch den Sonnengott Ahura Mazdao, der nichts anderes als Christus in der geistigen Welt war. Vor 2000 Jahren inkarnierte sich der Christus in dem Jesus und gab den Menschen gewaltige Impulse. Aber nur wenige verstehen heute noch seine Botschaft.

Was brachte Christus den Menschen?

Christus brachte den Menschen seiner Zeit gewaltige Neuig-
keiten. Diese neuen Informationen konnten sie damals – wie
zum Teil heute noch – kaum begreifen. Deshalb sprach Christus meistens in Form von Gleichnissen. Über ein abstraktes
Denken, wie wir es heute kennen, verfügten damals nur sehr
wenige Menschen. Auch seine Apostel – abgesehen von Johannes – konnten die spirituellen Inhalte seiner Informationen anfänglich nicht entschlüsseln. Es blieb ihnen zunächst
also nur der Glaube an etwas, das sie nicht verstehen konnten. Die Denkfähigkeiten eines gewöhnlichen Erwachsenen
in der damaligen Zeit sind mit denen eines heutigen Grund-
schülers vergleichbar. Die Informationen des Christus sind so
grundsätzlich und wesentlich, dass sie die Kulturentwicklung
der Menschheit grundlegend verändert haben und in Zukunft weiter verändern werden. Er begründete eine neue,
aufgehende Welt, die der Mensch mit seiner kreativen Gedankenkraft schöpferisch mitgestalten kann. Das neue göttliche Talent, das Christus den Menschen gab, ist die Kraft des
Bewusstseins.

Die Botschaft seiner Informationen lautete: Ihr alle seid ohne Unterschiede von Volk und Stamm, »Ihr seid Götter« (Joh
10,34). Ihr habt das Vermögen, mit euren göttlichen Talenten
und »Pfunden zu wuchern«. Benutzt eure schöpferischen Gedankenkräfte und entwickelt euch damit so weit, dass ihr das
nachmachen könnt, was ich euch demonstriert habe. Ihr habt
sogar das Potenzial zu noch viel mehr. Mit der Kraft des Bewusstseins erschafft ihr eure Fülle des Lebens, euer Karma und
euren Planeten Erde immer wieder aufs Neue selbst.

Viele seiner Impulse sind noch lange nicht ausgelotet und bedürfen noch vieler Schritte der seelischen und geistigen Evolution. Jedes Zeitalter wird aus seinen Lehren neue Erkenntnisse für seine weitere Entwicklung gewinnen. Christus brachte dem Menschen viele Gaben, die dieser alle in völliger Freiheit benutzen darf:

● Die Gedankenkraft des Vaters
● Die Überwindung des Todes
● Die Loslösung von der Materie
● Die Liebe und die Freiheit

Was veränderte Christus damit?

Er veränderte die Gesetze des Alten Testaments, die »alte Welt«. Er stellte den Menschen in Aussicht, die bisherige Bindung an die Naturgesetze zu überwinden, die gleichbedeutend ist mit dem Verlust ihres geistigen Schöpfungspotenzials. Dieser Verlust war der Menschheit durch die »Trennung« vom Geistigen – durch den »Sündenfall« – widerfahren. Christus aber veränderte das Bewusstsein des Menschen so, dass jedem Herzen die Kraft und dem Geiste das Potenzial innewohnt, den Weg zurück zum Vater selbst zu finden. Dieser Bewusstseinsimpuls beinhaltet eine ungeheure Bedeutung. Bis dahin hatten die Menschen auf der Seelenebene eine göttliche Verbindung, wie kleine Kinder zu einer Vater-Mutter-Gottheit, die sie »windelt, füttert« und auch in Bezug auf alle anderen Belange des Lebens versorgt. Passive Sozialempfänger in der Fülle einer Schöpfung, abhängig von den Naturgesetzen, so könnte man den Status ebenfalls bezeichnen.

Durch das Geschenk der göttlichen Gedankenkraft gab Christus den Menschen die Fähigkeit des Schöpfers, mit voller Bewusstheit und Freiheit alle Entscheidungen für das eigene Leben zu treffen. Dahinter steckt kein Automatismus oder eine Selbstbedienungsmentalität, sondern die eigenverantwortliche Fähigkeit, aktiv für sich selbst zu sorgen. Der Mensch muss nicht mehr passiv wie ein Baby alles über sich ergehen lassen. Das bedeutet aber auch, dass der Mensch aus seinem tiefsten inneren Wesenskern mit Bewusstsein den Weg zurück zum Geistigen, zurück zum Göttlichen, zurück zu seinem Ursprung, in eigener Verantwortung finden kann. Genau das meint Johannes, als er dieses »Ihr seid alle Götter« schrieb. Das absolut Neue daran ist, dass diese Aktivität aus eigener Götter-Kraft, aus dem eigenen Wesenskern, dem Geist, dem inneren Ich heraus möglich wird. Dazu braucht der Mensch keinen Guru, keinen Papst und auch keinen anderen Führer. Er kann diese schöpferische Kraft aus eigenem Bewusstsein aktiv benutzen, um kreativ sein Leben zu gestalten. Mit Leben sind nicht nur die physischen, sondern auch die seelischen und geistigen Bedürfnisse gemeint.

Warum war der göttliche Impuls so wichtig?

Der Impuls von Christus ist deshalb so wichtig, weil die Menschheit einen neuen Weg aus der Sackgasse der alttestamentarischen Verkrustung und Erstarrung in eine schöpferische Freiheit für ihre weitere Evolution benötigte. Die gesamte Menschheit war dabei, sich immer intensiver mit der Materie zu verbinden und ihren geistigen Ursprung immer mehr zu verlieren. Die Menschen sollten durch den Christusimpuls von der ausschließlich durch die Sinnesorgane geprägten Wahrnehmung der Materie wieder zu der übersinnlichen Wahrnehmung des Geistigen kommen – des Geistigen, das allen physischen Erscheinungen zugrunde liegt. Der Impuls sollte im Menschen das Bewusstsein wiedererwecken, dass Seele und Geist nicht wie der Körper aus den Stoffen der Erdsubstanzen, sondern aus den geistigen Stoffen der Planeten, der Sonne und der Sternenwelt geschaffen sind. Der Körper gehört der Erde an, der Geist und die Seele dem Kosmos.

Bei den alten Griechen verharrten die Seelen noch im Hades, dem Schattenreich, wie sie den Nachtodzustand bezeichneten. Dort fristeten sie ein freudloses, dämmeriges Dasein. Bei den Griechen galt daher die Erkenntnis: Lieber ein Bettler auf Erden als ein König im Schattenreich. Für diese verstorbenen Seelen gab es keine freudige Zukunftserwartung und keine geistige Evolution nach dem Tod, nur den trostlose Schatten des Hades. Deshalb besuchte Christus nach seinem Kreuzestod diese trostlosen Seelen, gab ihnen neue Hoffnung und wies ihnen den Weg zurück zum Geistigen – Urheimat und Urgrund allen Seins. Christus kam aus diesem Schattenreich der »Vorhölle« zurück in die irdische Welt, manifestierte sich in der Materie und zeigte sich anfassbar seinen Jüngern. Damit hat er die alten Prophezeiungen erfüllt und deren Ende besiegelt. Die alten Propheten konnten, wie Sie bereits wissen, in einer geistigen Schau das Christuswesen außerhalb von Raum und Zeit erkennen und ihn damit vor seiner Inkarnationszeit verkünden. Sie hatten schon seit vielen Jahrhunderten den kommenden Messias, den Christus, erwartet, der alle Prophezeiungen der Schrift erfüllen sollte, damit durch ihn eine neue Entwicklung der Menschheit beginnt.

Christus zeigte seinen Jüngern, dass er Herr über die Materie ist und sie überwinden kann. Er demonstrierte ihnen immer wieder seine irdische Präsenz, besonders den Zweiflern unter ihnen. Er unterrichtete seine Jünger auch nach seinem Tod noch viele Jahre weiter. So lernten sie, Schritt für Schritt den Inhalt seiner Lehre zu verstehen. Zu seinen Lebzeiten mussten sie daran glauben.

Wie kann man sich diese Lehrjahre vorstellen?

Christus hat den physischen Körper des Jesus von Nazareth völlig mit seinem Geiste durchdrungen und gezeigt, wie der Geist über die Illusion der Materie beliebig verfügen kann – zur Verblüffung seiner damaligen Jünger. Er konnte materialisieren und dematerialisieren, was er in vielen seinen Wundern demonstriert hatte.

Nach seiner Auferstehung manifestierte er einen Ätherleib aus der illusionären materiellen Körpersubstanz, die menschliche Sinne wahrnehmen können. Er hat die Macht über die Informationen, die Materie manifestieren, scheinbar verfestigen lassen. Der gewöhnliche, ungeschulte Mensch kann solche Manifestation nur mit seinen körperlichen Sinnesorganen bewusst wahrnehmen. Materie kann Materie wahrnehmen. Der geschulte Mensch kann Geist bewusst mit seinem Geiste wahrnehmen.

Wie Sie mittlerweile sicher wissen, besteht Materie nicht aus Materie. Die Physik kam erst im 20. Jahrhundert auf diese Zusammenhänge. Die Quantenphysik konnte nachweisen, dass alle Materie aus schwingender Information aufgebaut wird. Licht besteht aus solchen elektromagnetischen Schwingungsinformationen. Und das Leben in Christus ist das Licht der Menschen. Er schenkte uns dazu das Ich-Bewusstsein. In dieses von Liebe durchdrungene Ich muss Gott einziehen. Können Sie die Bedeutung von Licht und Bewusstsein erahnen? Bewusstsein ist eine geistige Wirkung des Lichtes, so wie die Materie eine physische Wirkung ist. Christus zeigte seinen damaligen Jüngern Geheimnisse, an denen viele Menschen heute noch zu knabbern haben und noch lange knabbern werden. Die Menschen sind bislang nur fähig, einen Teil seines wahren Wesens zu erfassen.

Durch sein Blut verband sich seine geistig-göttliche Wesenheit für immer mit der Erde. Der Ätherleib des »Lebewesens« Erde wurde durch die Verbindung mit dem Blut des Christus neu energetisiert, sodass die Menschen neue physische Lebenskräfte daraus gewinnen konnten, die für ihre Zukunft und Entwicklung größte Bedeutung haben. Das ermöglichte der gesamten Menschheit eine neue Entwicklungschance für ein neues spirituelles Bewusstsein. Mit Anfang des 20. Jahrhunderts begann ein erneuter Beschleunigungimpuls. Heute, zu Beginn des 21. Jahrhunderts, erleben wir dessen Auswirkungen mit noch weiteren und stärkeren Entwicklungsimpulsen für das menschliche, spirituelle Bewusstsein.

Nachdem Christus seine Jünger in seinem »Auferstehungskörper« eine gewisse Zeit lang weiter unterrichtet hatte, entschwand er ihren physischen Sinneswahrnehmungen und verweilt seitdem im Ätherleib der Erde. Auch von hier aus lehrte er seine Jünger viele Jahre lang weiter, verbunden mit der Aufforderung, die in etwa so lauten könnte: »Jetzt habt ihr mich physisch in einem menschlichen Körper erlebt, von nun an macht es mir nach und benutzt eure geistigen Fähigkeiten! Ihr durchschaut nun das Prinzip der Materie, die aus Information und Bewusstsein aufgebaut ist. Erkennt, dass die Fülle dieser Materie aus der geistigen Schöpfung zu eurer Freude da ist, aber keine bleibende Wirklichkeit darstellt und der Vergänglichkeit unterworfen ist. Daher ergeben die äußeren exoterischen Materieforschungen durch die Wissenschaften auch nur törichte Weisheiten.«

Wo wirkt Christus heute?

Aus dem Ätherleib der Erde, seinem aktuellen Aufenthaltsort, kommen weiterhin seine Impulse. Er gibt permanent Anregungen zur Bewusstseinsevolution der gesamten Menschheit. Der Ätherleib der Erde ist die energetische Sphäre der Erde, aus der auch die Lebenskräfte alles Lebendigen kommen. Das gilt für Pflanzen, Tiere und ebenso für den Menschen. In diesem Ätherleib der Erde wirkt Christus heilend, Lebenskraft spendend und lenkt von dort aus die Geschicke des Planeten Erde. Christus wird nicht wieder in der illusionären Materie aus irdischen Stoffen erscheinen, wie es manche christliche Religionen verheißen. Vielmehr wird der Mensch im Laufe der Evolution des eigenen Bewusstseins sich zu Christus erheben und ihn im Ätherischen, im Geistigen schauen lernen – wobei »schauen« nicht im herkömmlichen Sinne zu verstehen ist. Schauen bedeutet in diesem Fall, mit den inneren geistigen Wahrnehmungsorganen das Unsichtbare, das hinter der Materie wirkende Geistige zu erkennen. Durch diese geistige Evolution soll der Mensch die Materie überwinden, um frei von der Abhängigkeit der Naturnotwendigkeiten zu werden. Aus der Dimension des unsichtbaren Ätherischen wirkt Christus weiter auf die Evolution der Erde.

Warum gilt und wirkt er kulturübergreifend?

Die Gesamtentwicklung der Erde geht über alle Kulturperioden hinweg – bis an ihr Ende. Dazu gehört die Evolution des Individuums ebenso wie die Evolution von sozialen Gemeinschaften, die Evolution von Moral und die Evolution der wahren Freiheit des Menschen. Wahre Freiheit bedeutet nicht, all das tun zu können, was dem Ego-Menschen auf Kosten der anderen zu tun beliebt. Wahre Freiheit kommt durch die göttliche Wahrheit des »Liebe den Nächsten, wie dich selbst« oder des »Wer urteilt, wird verurteilt werden«. Es gibt etliche dieser Wahrheiten, die zum größten Teil in den alten Weisheitsschriften stehen und darüber hinaus auch in der Bibel, in der Bhagavad Gita oder im Koran zu finden sind. Eine weitere Wahrheit lautet: »Ich bin der Weg, die Wahrheit und das Leben.« Eine letzte besagt: »Die Wahrheit macht frei.«

Christus geht es um die Freiheit des Menschen von den Bindungen an die Naturgesetze. Wir Menschen sollen eine Evolution durchmachen, um auf dem Weg des »verlorenen Sohnes« wieder dahin zu kommen, dass wir die Wunder von Christus nachmachen und sogar noch übertreffen können. »Wer an mich glaubt, der wird die Werke, die ich vollbringe, auch selber vollbringen; und er wird größere als diese vollbringen, denn ich bin auf dem Weg zum Vater«, sind die Worte Christi in Joh 14,12. Dann sind wir Menschen frei von den Naturgesetzen der Materie und bewegen uns auf der Ebene des Göttlichen, ohne immer neue Spuren des Karmas hinterlassen zu müssen. Das bedeutet eine globale Menschheitsentwicklung hin zur Freiheit. Frei von allen weltlichen Machtstrukturen und jeglicher Unterdrückung. Das ist das Ende der Trennung, des »Sündenfalls«. Der verlorene »Menschensohn« – Geist vom Geiste, geschaffen nach dem Ebenbilde der Götter – kehrt zurück zu seinem Schöpfer. Dies führt ihn zur Einheit in Liebe mit der gesamten Schöpfung und allen Menschen.

Wir Menschen können damit unsere höchste Aufgabe vollbringen, diesen Planeten Erde mit den Liebeskräften des Christus zu durchdringen und damit die Materie wieder auf die ursprüngliche geistige Stufe zu führen. Dann erfüllt sich die wahre Mission des Jesus Christus auf dem Planeten Erde. Dass die Menschheit von diesem Ziel noch weit entfernt ist, bezeugen das Chaos und die Katastrophen, die Sie in Ihrem eigenen Umfeld täglich beobachten können. Eine Änderung wird jedoch nur dann eintreten, wenn jeder Mensch anfängt, an sich selbst zu arbeiten, anstatt mit dem moralisch erhobenen Finger auf die anderen zu zeigen, die alles falsch machen und die Ursache für die schlimmen Desaster sein sollen.

Die durch Christus gespiegelte Lebensrückschau nimmt eine längere Zeit in Anspruch. Man nennt sie auch die Kamalokazeit. Sie entspricht dem christlichen Fegefeuer. Im Falle einer normal entwickelten Seele dauert sie ungefähr ein Drittel des Lebens. Das ungefähre Zeitmaß entspricht nach Rudolf Steiner der Schlafenszeit im physischen Leben. Stirbt jemand mit 90, braucht es also eine Weile, bis sich dessen Seele durch die Rückschau gearbeitet hat. Stirbt jemand mit 30 Jahren, dann ist die Kamalokazeit entsprechend kürzer.

Dabei ist die Zeit immer relativ zu sehen. Albert Einstein sagte einmal, dass die Zeit nicht das ist, was wir auf der Uhr ablesen. In seiner Erkenntnis war die Zeit stets etwas Relatives. Heute meint die Naturwissenschaft, dass die Zeit eine Form von Energie ist, die vorwärts und rückwärts verlaufen und sogar ihre »Schatten vorauswerfen« kann. Das Sprichwort: »Große Ereignisse werfen ihre Schatten voraus« zeigt, dass die Menschen schon immer ein Bewusstsein für relative Zeitverschiebungen hatten. In der geistigen Welt gibt es keine Uhren, daher können wir nach irdischen Maßstäben die Zeit im Kamaloka nur annähernd beschreiben.

Die Seele eines jungen Menschen ist mit diesem Teil ihrer Reise schneller fertig. Ausnahmen gibt es natürlich immer. Hat eine gereifte Seele einen hohen geistigen Entwicklungsstand und hinterlässt wenige störende karmische Fußspuren, geht auch sie viel zügiger durch die Rückschau.

Die Verweildauer der Seele in der Welt des Geistigen hängt aber nicht nur von der Dauer der Rückschau ab. Der Zeitpunkt der nächsten Inkarnation hat auch mit einer anderen Variablen zu tun. Nämlich mit den irdischen Entwicklungszyklen. Dabei kommt es darauf an, bestimmte Umbrüche oder Kulturentwicklungen abzuwarten – beispielsweise vom Materialismus zur Bewusstseinskultur oder von der ägyptischen zur griechischen oder zur jetzigen Hochkultur –, um dann in neu strukturierten Erdenverhältnissen persönliche Impulse zu geben und neue individuelle Erfahrungen zu sammeln.

Ein Leben ist wie ein Schultag, unterbrochen durch viele kleine Pausen: Am Morgen treten wir an, am Abend gehen wir nach Hause. Haben wir unsere Lerneinheiten bravourös gemeistert, gibt es am nächsten Tag neue, weiterführende Aufgaben. Schließlich können wir mit den Lerneinheiten der ersten Klasse keine Reifprüfung bestehen oder gar ein Studium bewältigen. In der Nacht regenerieren wir uns von den Strapazen des anstrengenden »Unterrichts«, führen Buch über unsere Erfolge und Misserfolge und bereiten uns auf den nächsten Tag vor. Am Morgen kommen wir aus freiem Willen, versehen mit einem dicken Pausenbrot, moralischer Aufrüstung und energetischer Aufpäppelung durch unsere geistigen Führer, wieder in den Unterricht – manchmal unausgeschlafen und unvorbereitet, manchmal etwas ängstlich, ungeschickt und unbeholfen und manchmal sehr gut vorbereitet und voller Elan, als ob die Welt uns gehöre und nichts gewesen wäre. Doch halt! Als ob nichts gewesen wäre?

Wir bringen einige zusätzliche Talente und Fähigkeiten mit, die über Nacht gereift sind. Sie sind die Erinnerungen an die zuvor gelernten »Unterrichtsinhalte«. Sobald ein bekanntes Thema anklingt, gehen wir in Resonanz und haken ein. Unglaublich schnell meistern wir den »alten Stoff« und unglaublich begabt legen wir »neuen Stoff« dazu. Das erklärt die Wunderkinder, die nur ein Instrument sehen oder sich mit einem Spezialgebiet nur kurz befassen müssen, um ihre Lehrmeister zu übertreffen.

Woher kommen diese Reifungen und Talente? Von den gesammelten Informationen aus einer Inkarnation vergessen wir nichts, aber auch gar nichts. Alles wird in der Akasha-Chronik gespeichert und kann von dem geistig-seelischen Wesen des Menschen wieder bewusst abgerufen werden, vorausgesetzt, er verfügt über die nötige geistige Schulung. Dazu erhalten wir im Leben nach dem Tod Antworten auf alle Fragen, die im Leben offen geblieben sind. Die wichtigsten und liebevollsten Lehrer der Geistseele sind die Engel, Erzengel und Archai, die zu der ersten Hierarchie der göttlichen Geistwesen gehören. Schon während des Lebens auf der Erde stehen diese den Menschen in allen Lebenslagen mit Rat und Tat bei. Kleine Kinder können sie noch so lange ganz selbstverständlich wahrnehmen, bis ihnen die Ratio und der Intellekt der Erwachsenen ihre Wahrnehmungen austreiben. Wenige behalten die Verbindungen zu der Engelwelt und können ungemein davon profitieren. Die Sprüche »Wer anklopft, dem wird aufgetan« oder »Wer sucht, der findet« bestätigen die Erfahrungen der Menschen, die solche Verbindungen immer wieder erleben. Nach dem irdischen Leben sind diese Engelwesenheiten am Anfang die angenehmsten »Gesprächspartner, Mutmacher und liebevolle Informanten« in den geistigen Welten. Später trifft die Geistseele die Wesenheiten der zweiten Hierarchie, die Dynamis, Exsuai und Kyriotetes. In einer weiteren geistigen Reifungsphase kommt die Geistseele in bewussten Kontakt mit der dritten Hierarchie, den Throne, Cherubim und Seraphim. Jetzt könnten Sie sagen: Was soll dieser alte Schmarrn schon wieder, das gibt's doch gar nicht, das kann man höchstens glauben oder eben nicht. Richtig, sage ich, was man nicht weiß, muss man glauben. Sie haben aber die Möglichkeit, durch Schulung Ihrer höheren Geistorgane Dinge zu erkennen, die den »primitiven« Sinnesorganen des physischen Körpers nicht zugänglich sind. Es ist Ihre Chance, eine geistige Schulung, wie ich sie zuvor angeregt habe, anzupacken. Merken Sie sich ein wichtiges Prinzip: **Je weniger wir wissen, desto mehr müssen wir glauben, und je weniger wir denken, desto mehr müssen wir arbeiten.** Es liegt also nur an Ihrer Bequemlichkeit oder Ihrer Absicht, sich aufzumachen – für das Wissen und für die Ungläubigkeit oder wider das Wissen und wider die Gläubigkeit.

Weitere Lehrer der Menschen sind die Wesenheiten der verschiedenen Planetensphären. Was nun wieder diese seltsamen »Planetensphären« sein sollen, werde ich Ihnen im nächsten Abschnitt erklären.

Unsere Reise durch die Sphären

Nach der Kamaloka-Zeit geht die Reise unserer Geistseele erst richtig los. Sie durchwandert einen kosmischen Zyklus, in dem sie die verschiedenen Planetensphären passiert. Stellen Sie sich unter dem Begriff Sphäre eine Kugel vor, auf deren Oberfläche ein kleiner Sputnik herumfliegt. Dieser Sputnik ist die einzige für uns sichtbare Stelle der jeweiligen Sphäre, nämlich der dazugehörige Planet.

Der Mikrokosmos entspricht dem Makrokosmos. Wie zum Beispiel bei einem Elektron. Ein Elektron befindet sich auf einer »Sphäre«, einer Kugel, und ist überall und nirgends gleichzeitig. Erst die Beobachtung »zwingt« das Elektron in einen lokalen Zustand, der abhängig ist von dem Bewusstsein des Beobachters. Hört sich etwas abstrakt an? Ist aber ganz einfach: Dort, wo Sie hinschauen, sehen Sie das Elektron oder den Planeten. In Wirklichkeit befindet er sich mit seiner geistigen Wirksamkeit in der gesamten Kugelsphäre, die wir mit unseren gewöhnlichen Augen nicht erkennen können. Die ganze Sphäre ist jedoch erfüllt von geistigen Wesen, die sich in Energien und Informationen ausdrücken. Sie manifestieren sich für uns sichtbar in Form des Planeten.

Der Raum ist im Leben nach dem Tod aufgehoben. Die Geistseele dehnt sich nun aus, wird selbst ein »Bewohner« der Sphären und nimmt Kontakt mit den »Bewohnern« der jeweiligen Dimension auf.

Die geistigen Bewohner oder Wesenheiten, die dahinterstehen, sind hoch entwickelt. Passiert unsere Geistseele die einzelnen Sphären, verbindet sie sich mit ihnen, wir lernen von ihnen und erfahren die größten kosmischen Weisheiten. Diese Seelenarbeit ist aber wieder abhängig davon, welche Wege man auf der Erde beschritten hat. Hat jemand auf der Erde unspirituell gelebt, war desinteressiert an der geistigen Welt, konnte mit Jesus Christus nichts anfangen, dann wird er in den verschiedenen Planetensphären kaum weitere Informationen empfangen, er kann mit den jeweiligen Wesenheiten nicht in Resonanz gehen.

Das Prinzip der Resonanz ist im Kosmos universell gültig. Hier auf der Erde spüren Sie sehr schnell, mit welchen Menschen Sie die gleiche Wellenlänge verbindet – wann Sie in Resonanz oder Dissonanz gehen. Genauso gehen wir mit den kosmischen Wesenheiten der einzelnen Planetensphären in

Resonanz – oder eben nicht. Wir treffen dort auch die Geistseelen Verstorbener und spüren über Sympathie oder Antipathie die Beziehung zu dieser Geistseele. Wir fühlen sofort, über welche Wellenlängen diese Seele mit uns Sympathie aufbaut. Das gibt der Geistseele das Empfinden von Geborgenheit, Vertrautheit und Glück.

Hat jemand auf der Erde die Auseinandersetzung mit dem Geistigen gesucht, steht einer Kommunikation unserer Geistseele in den Planetensphären nichts im Wege. Diese Kommunikation kann man sich als unglaublich warmherzige und liebevolle Verschmelzung vorstellen, die über das hinausgeht, was wir auf der Erde an liebevollem Umgang miteinander erlebt haben.

Durch die Kontakte in den verschiedenen Sphären bekommen wir die Chance, noch mehr zu reifen, um diese Reife im nächsten Erdenleben unter Beweis zu stellen und weiterzukommen. Wir reifen also nicht nur durch unsere Erfahrungen im irdischen Alltag, sondern auch – und noch viel stärker – in der geistigen Welt. Die Inkarnationen könnte man als Bewährungsproben bezeichnen, um die Lerninhalte aus der geistigen Welt auf der Erde anzuwenden. Was sagte meine Frau kurz vor ihrem Tod noch: »Es ist nicht entscheidend, was man tut, sondern mit wie viel Liebe man es tut!« Diesen Satz könnte man als Quintessenz ihres Erdendaseins bezeichnen. Es geht darum, liebevoll und mit Achtsamkeit durchs Leben zu gehen, Menschen und Situationen nicht mit Abneigung, sondern mit Sympathie und Achtung zu begegnen. Ihre Seele war schon lange gereift, keine Frage.

Wie kommen wir nun in die einzelnen Sphären? Ich benutze zwar Begriffe, die auf eine Reise schließen lassen, doch weder fliegen wir noch pilgern wir. Aber vergessen Sie bitte nicht, dass es in den Bereichen jenseits unserer materiellen Welt zunächst keinen Raum und auch keine Zeit mehr gibt und daher auch keine Strecken und keine Geschwindigkeiten. Man könnte diese unterschiedlichen Zustände, die unsere Geistseele durchlebt, mit unseren Gedanken vergleichen. Die sind auch einfach da. Inhalte von Gedanken sind nicht messbare und masselose Informationen und haben nach der berühmten Formel von Albert Einstein ($E=mc^2$) unendliche Geschwindigkeit. Das bedeutet, dass die sich ausbreitenden Gedanken im gesamten Kosmos zeitgleich überall präsent sind, als ob sie niemals ausgesandt worden wären.

Vergessen Sie bei diesen Erklärungsversuchen bitte niemals: Auf der Ebene nach dem Tod, im Strom des unsterblichen Lebens, haben Naturwissenschaften keine Gültigkeit mehr. Nach der Definition von Physik können nur sinnlich wahrnehmbare Zustände der Natur im Kosmos Untersuchungsobjekte sein. Nach Werner Heisenberg hat die Physik nur die Aufgabe, das Sicht- und Messbare zu beschreiben – also circa drei bis fünf Prozent der gesamten Materie. Jetzt können Sie die kluge Aussage Einsteins verstehen, der jenseits unserer Sinneswahrnehmungen noch weitere Welten vermutete.

Die Quantenphysik hat zu diesen verborgenen Welten ein paar neue Türchen aufgemacht. Sie erschloss Dimensionen in subatomaren Bereichen, die nicht mehr von unseren Sinnesorganen direkt wahrgenommen werden können. In diesem Bereich finden sich gemeinsame Schnittmengen zwischen der materiellen Naturwissenschaft und der nicht materiellen Geisteswissenschaft. Die unsichtbare Welt ist eine Domäne der Geisteswissenschaft, welche die Hintergründe des Sichtbaren erforscht. Die sichtbare Welt ist die Domäne der Naturwissenschaft, die den Vordergrund beobachtet und den Hintergrund nicht erfassen kann. Deshalb forderte der Nobelpreisträger und Quantenphysiker Max Planck die Einbeziehung des Geistes als eine unabdingbare Notwendigkeit in der Naturwissenschaft: »Eine Wissenschaft, die den Geist nicht in ihr Denken miteinbeziht, kann nicht zur Wahrheit vordringen. Die Existenz einer Schöpferkraft muss in den Wissenschaften als eine unanzweifelbare Tatsache akzeptiert werden.«

Um die Ausdehnungsstadien der Geistseele zu beschreiben, brauchen wir das geozentrische Weltbild. Stellen wir uns also die Erde als zentralen Planeten vor, so folgen danach die Mondensphäre mit dem Trabanten Mond, die Merkursphäre mit dem Planeten Merkur, die Venussphäre mit der Venus und schließlich die Sonnensphäre mit der Sonne. Dahinter kommen die Marssphäre mit dem Mars, die Jupitersphäre mit dem Jupiter und die Saturnsphäre mit dem Saturn. Am äußeren Rand finden wir den Fixsternhimmel mit den Tierkreiszeichen. In diesen Sphären machen Geist und Seele nun verschiedene Reifeprozesse durch.

Falls Sie die restlichen Planeten vermissen sollten: Die Sphären von Neptun, Uranus und Pluto haben für die persönliche Entwicklung des einzelnen Menschen keine unmittelbare Bedeutung. Sie beeinflussen überpersönliche Zusammenhänge wie Völker, Zeitströmungen und Kulturen. Die

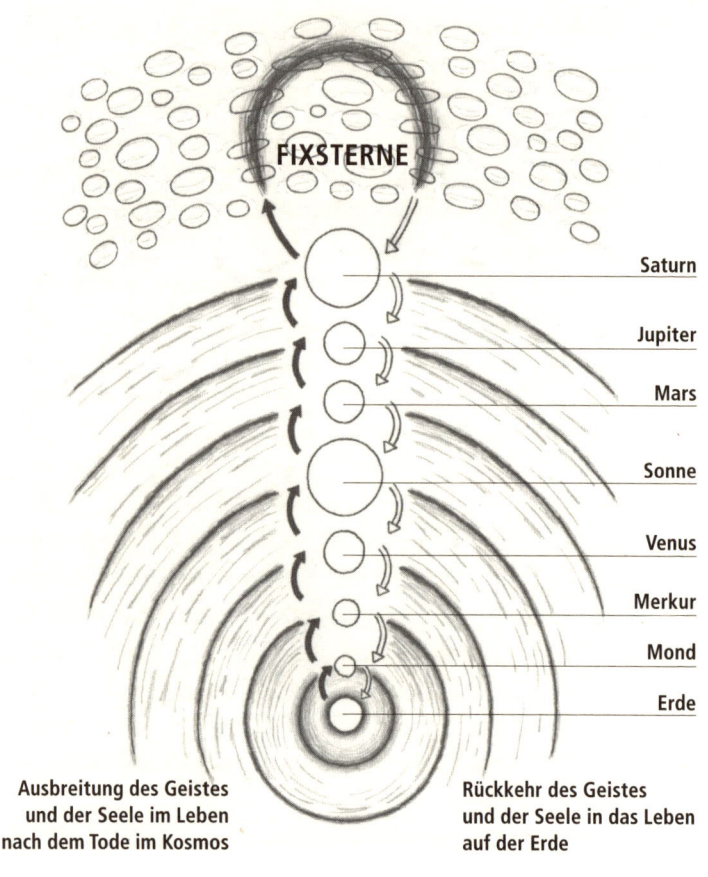

FIXSTERNE

Saturn

Jupiter

Mars

Sonne

Venus

Merkur

Mond

Erde

**Ausbreitung des Geistes
und der Seele im Leben
nach dem Tode im Kosmos**

**Rückkehr des Geistes
und der Seele in das Leben
auf der Erde**

Die Planetensphären werden von der Erde aus durch das geozentrische Weltbild betrachtet. Die Reihenfolge der Planeten Venus und Merkur entspricht nicht der astrologischen Bezeichnung. In früheren Zeiten wurde die Bezeichnung von Merkur und Venus bewusst vertauscht, um das Geheimwissen zu verschlüsseln. Auf diese Weise konnten nur Eingeweihte die Zeichnungen korrekt lesen.

anderen sechs Planeten unseres Sonnensystems wirken dagegen auf die Prägung der individuellen Persönlichkeit. Beim Durchgang durch jede dieser Sphären machen wir Erfahrungen mit den dort vorherrschenden geistigen Wesen und den Geistseelen zuvor Verstorbener. Je nachdem, welche Reife wir auf der Erde erlangt haben, kommt es zu Schwingungen mit bestimmten geistigen Wesen.

Die Wesenheiten der **Mondensphäre** lassen unsere Geistseele die weise Gestaltung der Erde erkennen. Hier bekommen wir die Baupläne unseres Planeten erklärt – mit allen ihren Details. Sie zeigen uns die Weisheiten im Aufbau und in der Gestaltungen der Natur. Pflegten wir auf der Erde nie ein Interesse an ihren Strukturen, so werden wir auch hier keine weiterführenden Antworten bekommen.

Kurz nach der Mondensphäre endet auch die Kamalokazeit. In dieser Zeit läutert sich die Seele weiter. Man kann auch sagen, dass dies die Fortführung des zweiten Lebens der Seele ist, des rein kosmischen Lebens nach ihrem kosmisch-irdischen Leben im physischen Körper. Dieses Leben der Seele dauert bis zum Eintritt in die Sonnensphäre, nach der die Seele immer strebt, und endet dort mit der Trennung von Seele und Geist.

Nach der Mondensphäre dehnt sich die Geistseele bis in die **Merkursphäre** aus. Unter irdisch-materiellen Bedingungen könnte man sich einen solchen Vorgang schwerlich vorstellen. Physik hat hier keine Bedeutung mehr. Sind doch der physische Körper und der Ätherkörper in diesem Zustand bereits abgelöst. Astronomen unter Ihnen könnten gleich kritisch einhaken: »Moment mal, da stimmt doch etwas nicht.

Nach dem Mond kommt zunächst einmal der Planet Venus und dann der Planet Merkur! Sphäre hin, Sphäre her, die Reihenfolge muss schon stimmen. Diese Planetenanordnung passt nicht in die astronomische Einteilung. Nach dem geozentrischen Weltbild sehen wir von der Erde aus als Nächstes die Venus und danach den Merkur.«

Dazu müssen Sie Folgendes wissen: In den früheren Eingeweihtenkreisen war es üblich, manche Bezeichnungen zu vertauschen, um das geheime Wissen zu verschlüsseln. Auf diese Weise konnte die Lehre gefahrlos weitergegeben werden. Es sollte ein Missbrauch durch Unwissende verhindert werden. Unwissende, sogenannte Nichteingeweihte, konnten mit diesen Geheimschriften nichts anfangen. Möglicherweise hätten sie negativen Gebrauch von den Lehren gemacht und sie zum Schaden anderer Menschen als Egotrip oder schwarze Magie benutzen können.

Nach der Mondensphäre kommen daher – durch Tausch – die Merkursphäre und dann die Venussphäre.

In der **Merkursphäre** hängt es nun davon ab, in welcher moralischen Verfassung die Seele auf Erden gelebt hat. Die Seelen mit echter moralischer Gesinnung finden in dieser Sphäre die besten Lebensbedingungen. Rudolf Steiner beschrieb diesen Zustand: »Das drückt sich in dem Leben nach dem Tod auf eine Weise aus, die so in eine Formel gebracht werden kann: Durch eine moralische Verfassung unserer Seele werden wir in dem charakterisierten Zeitpunkt gesellige Geister, die andere Menschengeister oder Wesen der höheren Hierarchien als Gesellen haben. Sonst werden wir Einsiedlergeister, die nur schwer aus dem Nebel ihrer Visionen herauskommen können.«

Diese Bedingungen nach dem Tod korrigieren die Irrtümer und decken die Disharmonien des irdischen Lebens auf. Alle Taten und Gedanken, positiv wie negativ, sind gespeichert und werden in diesen Sphären als wirksame Tatsachen erlebt. Hinterlistige und destruktive Gedanken schaffen hässliche Strukturen mit Zerstörungen, die nun von der Geistseele in ihrer vollen Wirksamkeit erkannt werden. Sie sind wie eine feste Tatsache – wie auf Erden verfestigte Materie – geworden und können nun nicht mehr von der Geistseele verändert werden. Sie muss jetzt deshalb Seelenpein erleiden – oder kann Seelenfreuden erfahren. Korrekturen sind nur auf der Erde mit dem physischen Körper möglich. In der geistigen Welt sind es festgefügte und unverrückbare Tatsachen. Aus diesen Erkenntnissen entsteht der starke Wunsch, das geschaffene Karma während einer erneuten Inkarnation in einem menschlichen Körper wiedergutzumachen und umzugestalten.

In der **Venussphäre** kommen gewisse Bedingungen auf die Geistseele zu. Hier spielt die Religiosität eine wichtige Rolle. Alle Menschen, die auf der Erde religiöses Gedankengut gepflegt haben, finden die passenden geselligen Wesen in dieser Sphäre. Religiös bedeutet nicht, täglich in die Kirche zu gehen und zu beten. Religiös meint, sich für die geistigen Hintergründe der Schöpfung zu interessieren und nicht an der illusionären Oberfläche des Materialismus hängen zu bleiben. »Die in religiöser Hinsicht verhärteten Geister werden zu einem Eingeschränktsein in sich selbst verurteilt. Diejenigen, die eine materialistische Gesinnung haben und sich gegen jede religiöse Gesinnung erbosen, die werden da zu Einsiedlern, sie werden jeder in seinem Kerker eingesperrt«, schreibt Steiner.

Die geistig-seelische Vereinsamung ist die Folge für diejenigen, welche die göttlichen Gesetzmäßigkeiten und deren Ursachen negiert oder nicht erkannt haben. Das sind keine Strafaktionen eines »lieben oder bösen Gottes«. Nein, das sind Korrekturen unserer eigenen Selbsterkenntnis, sodass aus jeder Inkarnation das Beste zu erreichen ist.

In der **Sonnensphäre** trifft die Geistseele die anderen Geistseelen der verschiedensten Weltanschauungen und Religionssysteme. Hier ist es ungeheuer wichtig, schon auf der Erde mit Einsicht und Verständnis diese Systeme kennengelernt zu haben. Sie müssen dafür kein Buddhist oder Hindu geworden sein. Aber es ist sehr hilfreich, diesen Religionen mit Aufmerksamkeit, Offenheit und Neugierde begegnet zu sein. Man erhält dadurch eine schnellere Vertrautheit mit den Geistseelen dieser Systeme. Durch eine Begrenzung auf nur ein Religionssystem fühlt sich die Geistseele auf sich selbst beschränkt und vereinsamt. Sie ist nicht dazu fähig, andere Seelen zu verstehen, mit ihnen zu kommunizieren oder sich auf diese einzustimmen. Diese Gefühle von Trennung und Unverständnis sind die Ursachen starken Leides.

In der Sonnensphäre halten sich die Geister aller Menschen auf, die auf der Erde gestorben sind. Hier können wir Jesus Christus in seiner ganzen Gestalt erkennen, falls wir uns zu Lebzeiten mit ihm beschäftigt haben. Ist das nicht der Fall gewesen, bleibt er unserem seelisch-geistigen Auge verborgen. Man kann sich das wie eine Art Blindheit vorstellen.

Es ist nicht entscheidend, in welchem Religionssystem und in welcher Art und Weise christliche Erfahrungen gemacht wurden. Wichtig ist, dass christliche Erkenntnisse und Tätigkeiten während des irdischen Lebens entstanden sind. Für diejenigen, die den Christus auf der Erde gesucht und gefunden haben und nun sehend sind, ist der geistige Anblick des Christus in der Sonnensphäre die höchste der Glückseligkeiten, die eine Geistseele erfahren kann. Sie weiß nun sicher, dass sie aus ihm entstanden ist.

Zudem kann die Geistseele in der Sonnensphäre die Zusammenklänge der Sternenwelten in der Sphärenmusik hören. Das sind Klangkompositionen aus dem Zusammenwirken der Sterne. Sie ergeben die Weltenharmonien und -melodien. Erinnern Sie sich noch, als ich schrieb, dass die Planeten – natürlich gilt dies auch für die Sterne – keine Steinhaufen oder Glühkugeln sind, sondern Ausdruck geistiger Wesenheiten? Die Schwingungen aus dem Zusammenklang all dieser geistigen Wesenheiten erzeugt die Sphärenmusik des Pythagoras und des Johannes Kepler. Der Klang solcher Sphärenmusik in ihrer Weltenharmonie ergreift und bewegt in der Sonnensphäre intensiv die Geistseele.

Wie bereits kurz angedeutet, trennen sich in der Sonnensphäre Geist und Seele. Die Seele verbleibt für den weiteren Weg des Geistes in der Sonnensphäre. Der Geist dehnt sich in die nächsten Planetensphären bis zum Fixsternenbereich weiter aus. Diese Trennung von Geist und Seele kann man mit einem zweiten Tod vergleichen. Dieser verläuft anders als der irdische Tod, der mit physischem Leid und Krankheit verbunden sein kann. In der Sonnensphäre gibt es keine

Krankheiten, da es nach dem Tod keinen Ätherleib und keinen physischen Körper mehr gibt. Leid und Seelenqualen gibt es allerdings schon. Diese kommen in der geistigen Welt durch Trennung, Bedauern, Vereinsamung und Unverstandensein zustande. Eine vereinsamte Geistseele, die in einem Kerker ohne Kontakt mit anderen Wesen schmort, leidet unter einer außerordentlichen Seelenqual, die sie nicht korrigieren kann. Sie hat trotzdem die innere Erkenntnis, dass diese Folgen des Erdenlebens völlig richtig und notwendig sind, um in einer erneuten Inkarnation auf der Erde den Ausgleich zu schaffen. Während des Sonnendurchgangs empfindet der Geist des Menschen eine starke Verbindung zur Erde. Rudolf Steiner schildert dies in seinem Vortrag vom 17. November 1923 in Den Haag: »Immerdar schaut der Mensch auch von seinem überirdischen Bereich, den er durchmacht im Dasein zwischen Tod und neuer Geburt, auf das Irdische herab. Denn würde er nicht auf das Irdische herabschauen, so würde es ihm fremd werden während seines Durchganges durch die Zeit zwischen Tod und neuer Geburt, der ja immerhin lange währt.«

Bei der späteren Rückkehr zur Sonne des sich noch weiter ausdehnenden Geistes, vereint sich die Seele wieder mit dem Geist. Sie stellt eine Art Quintessenz dar und gibt später auf der Erde der Persönlichkeit ihren individuellen Ausdruck und Charakter – man könnte auch sagen, das »Timbre« oder das »Geschmäckle« eines Neugeborenen. Dieser individuelle Ausdruck der Persönlichkeit spürt die Mutter schon in der Schwangerschaft oder spätestens beim ersten Stillkontakt mit dem Säugling.

Nach dem Durchgang durch die Sonnensphäre weitet sich der Geist ohne Seelenanteil in die **Marssphäre** aus. In dieser Sphäre lernt der Geist die Geheimnisse des geistigen Weltalls und die **schöpferische Sprache** kennen, aus der die Dinge entstehen. In dieser Sphäre befreit sich der Geist von den Beschränkungen des moralischen Lebens.

Das Verstehen dieser Geheimnisse des Weltalls erweitert sich mit dem Eintritt in die **Jupitersphäre**. Hier erfährt der Geist neben der Wirkung der schöpferischen Sprache die Wirkung der **schöpferischen Gedanken**. »Der Mensch ist gleichsam in der Gedankenwerkstätte, in der die irdischen Dinge geformt und gebildet werden«, schildert Steiner. »Wie man im physischen Leibe die sinnlichen Dinge als Wirklichkeit erlebt, so erlebt man jetzt als Geist die geistigen Bildungskräfte als wirklich.« In dieser Sphäre löst sich der Geist von den Zwängen aller religiösen Bekenntnisse. Hat er die Inhalte seines bisherigen Bekenntnisses voll verstanden, so kann er für die nächste Inkarnation ein anderes religiöses Bekenntnis wählen.

In der **Saturnsphäre** lernt der Geist das kennen, was man als **Weltengedächtnis** bezeichnen kann. In dieser Region ist alles gespeichert, was in unserem Planetensystem jemals geschehen ist. Nichts, aber auch gar nichts, geht verloren. »Der Saturn ist der große Gedächtnis- und Erinnerungsträger aller Geschehnisse unseres Planetensystems. So wie der Mensch zunächst die Sprache der Götter im Marsgebiet lernt und die Gedanken der Götter im Jupitergebiet, so lernt er während seines Durchganges durch das Saturngebiet alles das erkennen, woran sich die Götter des Planetensystems erinnern«, schreibt Rudolf Steiner in seinem Buch »Der übersinnliche Mensch«.

In der **Sternenwelt der Tierkreisregion**, den »Fixsternen«, nimmt der Geist die **Informationen für die Evolution der Erd-entwicklung** auf. Aus dieser Region kommen die neuen Impulse für die Entstehung der irdischen Kulturepochen der Menschheit. In dieser Region wirken nicht mehr die Planetensphären, hier wirkt das Fixsternsystem. Rudolf Steiner beschrieb die Wirkung so: »Die Impulse zu dem Fortschritt, der von der einen Kulturepoche in die andere geführt hat, sind von Seelen immer aus den Regionen außerhalb der Saturn-Welt hereingeholt worden. Dieses allein bewirkt den Menschheitsfortschritt, sodass sich die äußeren Kulturepochen von Zeit zu Zeit wandeln und neue Kulturimpulse auftreten.«

Ich fasse die Wirkung der Sphärendurchgänge zusammen. Die Geistseele erfährt

1. in der Mondensphäre das Lebenspanorama mit intensivem Wunsch der Korrektur in einer erneuten Inkarnation,

2. in der Merkursphäre die Auswirkung ihrer Moral und ihrer sittlichen Handlungen,

3. in der Venussphäre die Ergebnisse ihrer religiösen und geistigen Erkenntnisse,

4. in der Sonnensphäre die Bedeutung einer umfassenden und offenen Wertschätzung aller religiösen Systeme sowie die Harmonien der Sphärenmusik aus den Sternenwelten,

5. in der Marssphäre die schöpferische Sprache und die erschaffende Weltensprache,

6. in der Jupitersphäre die schöpferischen Gedanken, die erschaffenden Weltgedanken sowie die Lösung vom bis-

herigen Religionsbekenntnis mit möglichem Wechsel zu einem anderen religiösen Bekenntnis,

7. in der Saturnsphäre die vorurteilsfreie Selbsterkenntnis und den Übergang in die kosmischen Weltsysteme,

8. in den Sphären der Weltsysteme, der Sternenwelt der Tierkreisregion, neue Kulturimpulse für den Fortschritt der Menschheit.

Danach durchläuft unser Geist wieder sämtliche Sphären in der Gegenrichtung. In der **Saturnsphäre** nimmt er die Grundlage für die Erinnerungsfähigkeit des Erdengedächtnisses mit. In der **Jupitersphäre** erhält er die Fähigkeit, die Menschengedanken zu fassen und sie mit dem normalen Bewusstsein widerzuspiegeln. In der **Marssphäre** wandelt sich das schöpferische Wort in die geistige Substanz des späteren Ichs.

Der Durchgang durch die **Sonnensphäre** hat eine ganz besondere Bedeutung. In den Sphären von Fixsternen, Saturn, Jupiter und Mars wurde der Geist in das Weltall eingegliedert. Er war völlig eins geworden mit dem Weltall. In der Sonnensphäre kommt er wieder aus dem Weltall in die Individualität als Einzelwesen und erhält die geistige Uranlage seines menschlichen Herzens. In dieser Uranlage ist alles enthalten, was der Mensch wert geworden ist durch seine bisherigen Inkarnationen. Der Wert bestimmt sich durch seine seelischen, moralischen und geistigen Qualitäten. »Und ehe die Herzanlage sich verbindet mit den Embryonalanlagen des künftigen Menschenleibes, ist das Herz im Kosmos ein geistig-moralisch-seelisches Wesen im Menschen«, so Steiner.

Darin liegt die Grundlage für das geistige Wahrnehmungsorgan des Herzens, das keine Pumpe darstellt, sondern ein höchst sensibles Sinnesorgan für die irdischen und die geistigen Vorgänge im Menschen ist. Das Blut bewegt sich im Körper durch die Geistigkeit und Vitalität des Menschen und nicht durch ein mechanisches Pumpwerk. Siehe Näheres zu diesen Missverständnissen über unseren Körper in meinem Buch »Der Quanten Code«.

In dieser Sonnensphäre geschieht noch etwas ungeheuer Wichtiges: Die Geistseele trifft alle Seelenverwandtschaften aus früheren Inkarnationen wieder. Das sind ehemalige Familienangehörige, Freunde, Feinde und andere »Meetingpartner«. Es finden sich auch neue Seelenverwandtschaften durch Sympathie und Resonanz. In diesem Sonnenzustand sind die Geistseelen voller bedingungsloser Liebe und hellen Bewusstseins. Jede erkennt das Karma der anderen. In dieser übergroßen Liebe sind die Geistseelen bereit, die karmischen Aufgaben zu unterstützen. Ihre Versprechen und Verabredungen sind der wahre Grund, sich in der kommenden Inkarnation als Ehepartner, als Kind, als Freundin, als Feind oder Lebensretter zu treffen. Alle Begegnungen in dem irdischen Leben kommen aus solchen Verabredungen und sind kein Zufall. Das zu wissen ist sehr hilfreich. Es erklärt manche kniffligen Verstrickungen. Sie lassen sich dadurch leichter lösen und verzeihen.

Vorbereitungen auf die nächste Inkarnation

Schon in dem Augenblick, in dem sich der Mensch als Geistseele mit seinem geistigen und kosmischen Herzen noch mit dem Weltall verbunden fühlt, schaut er auf die Generationenreihe seiner zukünftigen Eltern hinunter. Er fühlt sich verhältnismäßig früh, schon mehrere Jahrhunderte der Ahnenreihe hindurch, mit diesen Generationen bis zu seiner zukünftigen Familie verbunden. Schon im Sonnendasein sucht sich die Geistseele ihre Inkarnationsbedingungen aus, um das gewünschte Karma so weit wie möglich zu erreichen.

Der Geist verbindet sich in der Sonnensphäre wieder mit seiner Seele, umhüllt sich also mit seinen emotionalen Instanzen, seinem Gefühlspäckchen. Auf dem weiteren Rückweg kommt die Geistseele durch die Venus- und die Merkursphäre. Bei diesem Durchgang arbeitet die Geistseele noch intensiver, die bestimmte Familie, das bestimmte Volk und den bestimmten Ort, wo sie geboren werden muss, zu finden. Sie beeinflusst sogar schon die Ahnen der Eltern, um diese dahin zu lenken, sich Erfahrungen und Kenntnisse in der Ahnengalerie anzueignen, die für die eigene karmische Entwicklung notwendig sind. Die Vorbereitungen der Inkarnationsbedingungen werden also bereits im Durchgang durch Sonnen-, Venus-, Merkur- und Mondensphäre getroffen.

In der Mondensphäre, in der die Geistseele zunächst nach dem Tod die übermenschliche Weisheit der Urlehrer erfahren hatte, verbringt sie nun die Zeit vor der Empfängnis und Geburt. Möchte sich eine Geistseele wieder inkarnieren, wirkt sie bereits von der Mondensphäre auf die Verbindung von Eizelle und Sperma und beeinflusst damit den Keim des Lebens. Rein schulmedizinisch zu behaupten, es würde ausschließlich ein verliebtes Paar sowie dessen Eizelle und Sperma brauchen, um Nachwuchs zu produzieren, ist völlig unzureichend. Hier hat die Geistseele des Kindes ein gehöriges Wörtchen mitzureden. Im Indischen spiegelt sich die Erkenntnis in einem Sprichwort, das heißt: »Zur Entstehung eines Kindes gehören drei: erstens die Eltern, die bereit sind, und zweitens das Kind, das will.«

Die Geistseele begleitet die Embryonalzeit aus seiner kosmischen Dimension, während auf der Erde der physische Embryo im Mutterleib gedeiht. Das Bewusstsein der Geistseele in der Mondensphäre für diese Zusammenhänge ist ein viel helleres als das Bewusstsein im Erdenleben. Rudolf Steiner beschreibt es so: »Es ist außerordentlich wichtig, dass wir uns darüber klar sind: Das Bewusstsein während des Träumens ist dumpf, das Bewusstsein während des Wachens ist hell, das Bewusstsein nach dem Tod ist noch heller, und alles Leben hier auf der Erde verhält sich wie ein Traum zur Wirklichkeit im Verhältnis zu dem, was wir an Helligkeit durchleben nach dem Tod. Aber mit jedem Erreichen einer neuen Etappe wird das Bewusstsein noch wacher, noch heller. Gehen wir zuerst durch das Mondensein beim Aufstieg, dann wird unser Bewusstsein heller dadurch, dass wir in die Umgebung der weisen Urlehrer der Menschheit in der Mondenregion kommen. Gehen wir durch Merkur und Venus durch, immer wird unser Bewusstsein heller. Und so erhellt sich unser Bewusstsein jedes Mal, wenn wir in eine neue Planeten-Sternenregion eintreten. Nur wenn wir wieder zurückgehen, dem neuen Erdenleben entgegen, wird dieses Bewusstsein wiederum stufenweise abgedämpft.«

Würden wir beim Merkur ankommen, so Steiner, würden wir noch immer ein helleres Bewusstsein haben als jedes Bewusstsein aus dem gewöhnlichen Erdendasein. In der darauffolgenden Mondenregion wird uns dargestellt, was der Mensch im Anfang der Erdenentwicklung gewesen ist. Da, wo wir für die übersinnliche Welt die erste Erleuchtung erhalten haben, wird beim Rückgang zur Erde das Bewusstsein so weit heruntergeregelt, dass die Energien fast ausschließlich den Wachstumskräften zugutekommen – wie bei einem träumenden Kind. »Und erst, wenn es bis zur **Traumhaftigkeit herabgedämpft ist, kann der Mensch das, was sich in ihm als geistig-seelisches Wesen entwickelt hat, mit seinem Embryo vereinigen.«**

Mit dem immer noch helleren kosmischen Bewusstsein als auf der Erde passen Geist und Seele die perfekte Konstellation auf der Erde ab und fragen sich: Was will ich nach den Lernprozessen hier oben nun auf der Erde in der Praxis erfahren? In welche karmischen Fußspuren will ich treten, welche karmischen Fußspuren will ich ausgleichen? Welcher Zeitpunkt erscheint dafür ideal? Welche Eltern wähle ich? Welche Geschwister? Mit welchen Menschen muss ich noch ein »karmisch gerupftes Hühnchen« gutmachen, um die Entwicklung für uns beide voranzubringen?

So treffen sich auch immer wieder die gleichen Menschengruppen beziehungsweise Seelenfamilien. Jeder von uns kennt doch das Gefühl, als Fremder auf eine Party zu kommen, und plötzlich führen wir mit einem Unbekannten, der uns merkwürdig vertraut erscheint, ein Gespräch. Genauso funktioniert das mit der Liebe des Lebens, der man unverhofft begegnet und die alles Dagewesene in den Schatten stellt. So etwas kann man nur über die Seelenverwandtschaft erklären – und nicht über den Verstand.

Natürlich habe auch ich mir die Frage gestellt, warum die Zeit mit meiner zweiten Frau Patricia so limitiert war. Ich kann mir eine idealere Verbindung gar nicht vorstellen. Denn wir brachten die angestrebte Heilung unserer Patienten und unsere persönlichen spirituellen Erkenntnisse gleichsam in Einklang, dazu war unsere Partnerbeziehung sehr liebevoll. Warum konnte das nicht überdauern? Wahrscheinlich erfahre ich die Antwort erst, wenn ich auch mit hellerem Bewusstsein auf der anderen Seite des Lebens bin. Aber ich könnte mir vorstellen, dass es für Patricia wichtiger ist, schon jetzt auf dieser anderen geistigen Bewusstseinsebene zu sein, dort schneller voranzukommen, von dort zu wirken und mir Impulse zu vermitteln, die weit über das hinausgehen, was hier auf der Erde möglich gewesen wäre. Dieses Gefühl, diese Beschleunigung geistiger Erkenntnisprozesse verspüre ich immer stärker.

Wie sähe nun der Impuls meiner Töchter Deborah und Constanze aus? Auch bei ihnen könnte ich mir vorstellen, dass sie mit ihren irdischen Lernerfahrungen in der anderen Dimension eine andere Wirksamkeit aufbauen können. Eine Wirksamkeit, die weitaus größer ist als die, die sie hier hätten erreichen können. Sie trafen auf ihrem irdischen Weg unglaublich viele Freunde und Freundinnen, alles Seelenverwandtschaften, mit denen sie sich eng verbunden fühlten.

Jede dieser Begegnungen bleibt gespeichert und ein Anlass für ein »Meeting« im Leben nach dem Tod. Auf dieser geistigen Basis beruht interessanterweise das physische Gesetz der Quantenverschränkung. Wer einmal Masse- oder Informationskontakt mit einem Menschen, Tier oder einer Pflanze gehabt hat, bleibt damit für immer verbunden, »verquantelt«. Auch wenn die Entfernungen noch so groß sind. Liebevolle Gedanken gemeinsamer Erinnerungen können Seelennahrung für beide Seiten sein. Nach dem Tod sind solche liebvollen Gedanken eine Quelle von größter Freude und höchstem seelischem Glücksgefühl. Ein Wonnegefühl für den Lebenden in der geistigen Welt, eine wundervolle inspirative und intuitive Gedankenverbindung für den Lebenden in der irdischen Welt. Das sind Gefühle, als ob Sie einen geliebten Menschen zärtlich in den Arm nehmen und alles telepathisch wie ohne Worte verstehen würden.

Ein sehr frühzeitiges Eintauchen in die geistige Welt hat auch noch andere tief greifende Auswirkungen. Im Vorwort zu den Vorträgen von Rudolf Steiner »Mit den Toten leben« schreibt Pietro Archiati: »Rudolf Steiner schildert aus seiner Forschung im Geistigen, wie die Lebenskräfte jung Verstorbener, die darauf verzichtet haben, sich in der Welt der Materie auszuleben, Keime einer geistigen Entwicklung darstellen, die den Idealen entsprechen, die vergleichbar Menschen auf der Erde zu immer neuen Taten beflügeln können.«

Die noch unverbrauchte Lebenskraft jung Verstorbener bildet die Basis für außergewöhnliche Willenskräfte in der nächsten Inkarnation. Mit solchen Willenskräften können sie dann in diesem neuen Leben größere Leistungen erbringen, die ihnen unter normalen Bedingungen nicht gelingen würden. Auf mich bezogen, könnten auch sie für mich weitere Erkenntnisquellen erschließen, die ich selbst nie hätte allein finden können.

Aber hinsichtlich dieser Impulse geht es ja längst nicht allein um die Hinterbliebenen. Den Geistseelen geht es immer um die Frage, was sie für die Menschheit insgesamt leisten können. Jeder Mensch, egal in welcher Gesellschaft er wo steht, hat eine große Bedeutung für die gesamte Menschheit, ja sogar für den gesamten Kosmos. Dies wird der Geistseele meist erst in der Rückschau klar. Liest dieses Buch meinetwegen eine Fleischfachverkäuferin, die sich denkt: »Mein Gott, was soll ich schon für eine Bedeutung für die Menschheit haben!«, dann sage ich ihr, dass es bei ihr möglicherweise darauf ankommt, ihren Kunden mit Liebe entgegenzutreten und sie mit dem guten Gefühl von Akzeptanz und Achtung mit Freundlichkeit wieder zu verabschieden. Vielleicht hat ihr Beruf auch gar nichts Bedeutendes mit ihrer individuellen Seelenaufgabe zu tun, und doch wird sie eines Tages einem großartigen Menschen das Leben schenken oder im richtigen Moment am richtigen Ort sein, um eine Katastrophe zu verhindern, oder sie wird einem Kunden in einer Lebenskrise unbewusst den entscheidenden Gesprächsimpuls für seine Rettung geben. Es sind unsere Gedanken und unsere Taten, die unsere Welt letztendlich aufbauen. Unsere Gedanken erschaffen unglaubliche reale Wirkungen in der metaphysischen jenseitigen Welt.

Wir fühlen uns in der Umhüllung unseres Körpers in unserer Innenwelt. Darin fühlen und denken wir ohne Unterlass und besitzen den Willen zum Handeln. Mit dem Tod legen wir diese Umhüllung ab, der Körper löst sich auf. Aber was ist mit unserer Innenwelt, unserem Denken und Fühlen? Was passiert mit unserem Willen? Der Körper, das Instrument für die Willensausführung, ist weg! Neigungen, Sehnsüchte, Begierden und Wille haben ihre Wurzeln in Seele und Geist. Geist und Seele können sich nicht auflösen, sie bleiben unsterblich erhalten und gehen aus dem sich auflösenden Körper weg. Oder besser gesagt: Weil Geist und Seele von dem Körper weggehen, löst sich dieser auf. Die mineralischen Substanzen des Körpers allein können ohne die Lebenskraft, ohne die Kraft des Geistes, nichts, aber auch gar nichts bewirken, nicht einmal ihn zusammenhalten, geschweige denn Gefühle und Gedanken erzeugen. Denken, Fühlen und Wille bleiben auch ohne physischen Körper vorhanden. Sie wirken nach dem Tod weiter in der Außenwelt, der neuen Innenwelt. Das alte Innen stülpt sich um in das alte Außen: Das alte Außen wird zum neuen Innen. Die Geistseele muss nun lernen, im neuen Innen ohne das Instrument des physischen Körpers auszukommen. Das ist wie ein Neustart ins jenseitige Leben. Alles, was Sie als Säugling, Kind und Erwachsener mit Ihrem Körper auf der Erde gelernt haben, alle diese körpergebundenen Fähigkeiten sind ausgelöscht. Es bleiben Ihnen nur die Erinnerungsgefühle der Seele, der Wille und das Ich-Bewusstsein mit der kreativen Gedankenkraft. Der Wille wird durch bewusste Konzentration aktiviert. Das Fühlen durch bewusstes Seelenempfinden aufrechterhalten. Die kreativen Gedanken werden uns erst durch Bewusstsein deutlich. Die Ursache der Gedanken ist die kreative Gedankenkraft des Göttlichen. Das physische Gehirn ist lediglich das ausführende oder wahrnehmende Spiegelinstrument. Wenn dieses Instrument verstimmt ist, sind immer noch Gedanken und unser Bewusstsein da. Nach dem Tod hellt sich unser Bewusstsein immer weiter auf, und wir können dann in der neuen Innenwelt die Auswirkung aller Gedanken des gesamten vergangenen Lebens in ihrer Realität erkennen. Die Geistseele befindet sich ja nun außerhalb des physischen Körpers. Hier fühlt sie sich nach einer gewissen Eingewöhnungszeit zu Hause wie früher im physischen Körper. Hier erkennt sie nun die Gedankenrealität und Gedankenwirksamkeit des vergangenen Erdenlebens, so wie sie im Leben auf der Erde mit aller Klarheit die Berge und Täler gesehen hat. Wenn ich vom »Sehen« schreibe, meine ich natürlich kein Sehen mit unseren Augen. Die sind ja weg. Nein, die Geistseele entwickelt die geistigen Wahrnehmungsorgane, die im physischen Körper im Erdenleben nur rudimentär benutzt werden. Da diese im gewöhnlichen Leben nicht trainiert werden, taugen sie nichts in der geistigen Welt und müssen erst langsam im Leben nach dem Tod hochgepäppelt werden.

Das ist vergleichbar mit einem Neugeborenen, das weder richtig sehen, hören noch sprechen kann. Und trotzdem lernt jedes gesunde Kind nach anfänglichen Mühen, seine körperlichen Sinnesorgane auszubilden. Das eine schneller, das andere langsamer, je nach Begabung und Talent. So lernt auch die Geistseele das »Sehen« der Gedankenwirkungen mehr oder weniger schnell. Sie erkennt sie als die unumstößlichen Tatsachen und Wirkungen, die in der geistigen Welt ohne Köper festgefügt nicht mehr veränderbar sind! Jeder Gedanke hat »harte Fakten«, hat harte Realitäten erzeugt! Und alle diese »harten Fakten« haben im Kosmos reale Bedeutung und Wirkung! Die Gedanken erschaffen dadurch den Kosmos in seiner Ausgestaltung. Sie können sich vielleicht vorstellen, wie viel Gedankenmüll im Kosmos von den Menschengedanken vorhanden sein muss! Doch keine Bange, die Hierarchien der geistigen Welt, Engel, Erzengel und so weiter, transformieren ständig diesen Menschen-Gedankenmüll. So wird jeder Gedanke eines jeglichen Menschen ein wichtiger Impuls für die Gestaltung des Kosmos und vergrößert nicht automatisch seinen »Müllhaufen«.

Daher hat jeder denkende Mensch eine Relevanz. Selbst ein Sozialschmarotzer. Er bringt zum Beispiel andere Menschen dazu, etwas für ihn zu tun, freiwillig oder unfreiwillig. Oder was ist mit Mördern? Sie erzeugen eine Hasspolarität, die auf der anderen polaren Seite ganz viel Liebe induziert. Und ein vermeintlich ungebildeter Mensch kann in seinem einfachen Herzen mehr Wärme und Liebe haben als ein cooler Akademiker, dessen Liebe ein Opfer des intellektuell gebildeten Verstands wurde. So hat jede Seele ihre Fähigkeiten und Aufgaben.

Kommen die Seelen nun aus der Sphärenreise wieder zurück in die Mondensphäre, haben sie durch ihre Kamalokazeit und ihren Erkenntnissen aus den Planetensphären und der Sternenwelt eine unglaubliche Sehnsucht aufgebaut, die materiellen Ausprägungen des Kosmos mit den Sinnesorganen des menschlichen Körpers zu erfahren. Sie haben die innere Gewissheit, dass nur diese Dinge auf der Erde durch Taten und Gedanken zu ändern sind, die in der geistigen Welt als festgefügte Tatsachen erschienen.

Erfahrungen der materiellen Welt können sein, im kristallklaren Wasser einer einsamen Bucht zu schwimmen, pure Familienwonne zu genießen, als Behinderter in einem Rollstuhl zu sitzen, die schlimmste Kindheit mit grausamsten Torturen zu durchleiden, mit guten Gedanken die Herzen der Menschen zu erfreuen, die ganze Erde mit Liebe zu durchtränken und nebenbei seine karmischen Fußspuren wieder auszugleichen. Die Erfahrungen zu werten ist die Freiheit eines jeden Menschen. Erfahrungen sind an sich wertneutral, sie sollen nur der Veränderung dienen.

In der Heimat verbleiben

Haben Geist und Seele eine solch hohe geistige Reife erlangt, dass sie keine karmischen Fußspuren mehr hinterlassen, bleibt also nichts zurück, was zu bereuen oder zu korrigieren wäre, keine Furcht, kein Hass, kein Zweifel und negativer Gedanke, bleiben wir in unserer geistigen Heimat und inkarnieren nicht mehr. Dort arbeiten diese Geistseelen oder Geistwesen an den Geschicken der Menschheit aus der metaphysischen Welt und können von dort Dinge bewirken, die wir auf der Erde als Wunder wahrnehmen, welche die Naturgesetze scheinbar auf den Kopf stellen und große Hilfe für die Menschen sind. Manche gereifte Geistseelen inkarnieren jedoch immer wieder, um aus bedingungsloser Liebe ihren Brüdern und Schwestern auf dem Weg durch die Materialität Impulse und Hilfe zu geben.

174

Andere wiederum sind in ihrer Reifung so weit vorangekommen, dass sie die Materie überwinden und sich – je nach Situation und Belieben – materialisieren oder dematerialisieren können. So sind sie in der Lage, sich viele Jahrhunderte auf der Erde aufzuhalten, ohne einen physischen Tod erleiden zu müssen. In Indien gibt es Yogis, wie sie Yogananda in seinem Werk »Autobiographie eines Yogi« beschrieben hat, die mehrere Jahrhunderte in Granithöhlen ohne Nahrung und ohne Wasser existieren und in Selbstlosigkeit für die Menschen meditieren und ihnen geistige Impulse für die Evolution geben. Andere wirken aus der geistigen Welt zum Wohle der Menschen und nutzen dabei ein Medium. Ein bekanntes Phänomen ist Dr. Fritz, ein Arzt, der 1918 gestorben ist. Sein Medium in dritter Folge ist besagter Rubens Faria, der ohne Narkose, bei vollem Bewusstsein und völliger Schmerzfreiheit, am Patienten Operationen durchführen kann – wenn es das Karma erlaubt und es Dr. Fritz für möglich hält.

Manche kommen auch als Weisheitslehrer – wie Sai Baba, Daskalos oder Rudolf Steiner, um nur einige aus der neueren Zeit zu nennen. Alte Weisheitslehrer sind die indischen Rishis, Laotse, Konfuzius, Zarathustra, Buddha oder auch Christian Rosenkreuz. Im Laufe der Erdentwicklung gab es zahlreiche davon, mehr oder weniger bekannt. Sie geben den Menschen neue Impulse und neue Ideen aus den Sternenwelten, bringen ihnen die Weisheiten des Göttlichen näher und arbeiten so an der Entwicklung der Menschheit in Verantwortung und in großer Selbstlosigkeit mit. Aus diesem Grund hat Rudolf Steiner die materialistische Naturwissenschaft durch eine umfassende Geisteswissenschaft erweitert, die den Menschen in die Lage versetzen soll, den primitiven und in eine Sackgasse führenden Materialismus zu (r)evolutionieren. Die tragische Trennung von Geist und Materie seit dem 17. Jahrhundert durch Descartes muss wieder aufgehoben werden. Unter deren katastrophalen Auswirkungen leiden alle naturwissenschaftlichen Fächer, die sich mit Leben und Menschen befassen. In seinem Vortrag »Der übersinnliche Mensch anthroposophisch erfasst« am 14. November 1923 in Den Haag sagte Steiner:

»Wir müssen uns nur immer klar sein, dass es eigentlich ein Unding ist, von dem getrennten Physischen und getrennten Geistig-Seelischen des Menschen zu sprechen. Denn was uns physisch am Menschen entgegentritt, was sich uns in der Sinneswelt darstellt als sein physischer Leib, das ist ja eigentlich überall durchzogen und durchsetzt von Geistig-Seelischem.« Es gibt einfach keine Materie ohne eine geistige Information. Sie wissen ja bereits, Materie ist geronnener manifestierter Geist. »Die Materie ist nicht nur ›gefrorene‹ Energie, sondern auch das ›gefrorene‹ Bewusstsein Gottes«, kommentierte das Paramahansa Yogananda.

Auch kommt es vor, dass viele gereifte Geistseelen ganz unauffällig und bescheiden auf der Erde ihren Dienst und ihre Pflicht tun und kaum ein Mensch dies zur Kenntnis nimmt. Unter sich erkennen sich diese gereiften Menschen sofort an ihrer Aura. Der gewöhnliche Mensch sieht sie nicht, aber er empfindet sie als sehr wohltuend, angenehm und sympathisch und sucht unbewusst ihre Nähe.

Andere Geistwesen übernehmen in der geistigen Welt führende Aufgaben, um für das Wohl der gesamten Erde oder für andere kosmisch-planetarische Entwicklungen zu wirken. Der gesamte Kosmos ist mit einer unendlichen Anzahl von Wesenheiten »besiedelt«, die alle miteinander vernetzt sind, bestimmte Kräfte und Wirkungen erzeugen, transformieren und die unendliche Fülle des Kosmos schaffen. Sie sind die wahren existenziellen Hintergründe für die Lebensgrundlage des Menschen. Räumliche und zeitliche Dimensionen gibt es in den geistigen Welten nicht, sie haben nur für die Existenz unserer physchischen Erde eine gewisse Bedeutung. Geistseelen könnten sich auch auf anderen Planeten mit anderen Umweltbedingungen ohne Weiteres inkarnieren und sich nach den vorherrschenden Bedingungen einen Ätherleib mit oder ohne physischen Körper mithilfe höherer Geistwesen aufbauen lassen.

Als menschliches Wesen sind wir noch nicht in der Lage, ein solches Wunderwerk, wie unser Organismus es ist, aus eigenen Kräften zu erschaffen. Oder wissen Sie, was in Ihrer 3221312. Zelle im linken Ohrläppchen im Augenblick gerade abläuft? Jede Zelle leistet ungefähr 200 000 Stoffwechselprozesse pro Sekunde. Wenn Sie das alles bei circa 3,5 Billionen Körperzellen managen müssten, kämen Sie weder zum Schlafen noch zum Kaffeetrinken, geschweige denn zum Lieben oder zum Lesen eines Buches. Sie hätten Stress ohne Ende und kämen für jede Reaktion immer Jahrzehnte zu spät. Sie haben sich bewusst für die Erde als Aufenthaltsort zur Inkarnation entschieden, um darauf Ihre individuellen Erfahrungen als menschliches Wesen zu machen. Ihr Körper wird von hohen geistigen Wesenheiten wie den Erzengeln und anderen Hierarchien aufgebaut und erhalten. Und seine Funktionen werden Tag und Nacht gelenkt – ohne Ihr Gehirn nur im Geringsten zu beanspruchen. Sie sind nicht der Manager, sondern nur dessen Betreiber und Insasse.

Das Argument mancher Mediziner oder Biologen, das würde alles automatisch von den Genen gemanagt, ist längst überholt und widerlegt. Bruce Lipton hat dies in seinem Buch »Die intelligente Zelle« schon vor etlichen Jahren überzeugend nachgewiesen. Gene sind nur Speicherorte von Informationen, die unsere Ahnen und Ihr eigenes Ich-Bewusstsein für so bedeutend eingestuft haben, dass sie im Laufe des Lebens auf Ihrem »Speicherchip« DNA fixiert wurden. Neue Erfahrungen überschreiben alte Informationen und verändern die Software auf unseren »Festplatten DNS« des gesamten Körpers. Vergessen Sie daher niemals: **»Mens creat et agitat molem.« Der Geist erzeugt und bewegt die Materie – und nicht die Materie den Geist!**

5 DAS VERTRAUEN – KEIN GRUND ZU ZERBRECHEN

Wer die
Metamorphose des Lebens und des Todes
nicht kennt,
ist wie ein blinder Passagier des Lebens,

… der meint, das Leben käme aus dem Nichts

… der meint, das Leben würde durch Gene
und Zufall entstehen

… der meint, die Äpfel würden wie Regentropfen
vom Himmel fallen

… der meint, das Flugzeug fliege allein da hin,
wohin er wünsche

… der meint, das Auto fahre von sich aus da hin,
wohin er möchte

… der meint, die Wirklichkeit entstehe, ohne zu denken

… der meint, die Liebe gedeihe, ohne zu geben.

Sie kennen sicher den britischen Astrophysiker Steven Hawking. Er leidet an ALS, einer schleichenden Nervenkrankheit, sitzt seit über 40 Jahren im Rollstuhl und kann nur noch mit Augenblinzeln seinen Computer betätigen. Er gilt als genial, beeindruckt weltweit Millionen Menschen mit Bestsellern über unser Universum. Was er sagt, wird gehört, hat Bedeutung. In einem Interview mit der englischen Zeitung »The Guardian« stellte er eine provokante These auf, die natürlich überall zitiert wurde.

Er sagte: »There is no heaven or afterlife for broken down computers.« Aha, für kaputte Computer gibt es also weder einen Himmel noch ein Leben nach dem Tod. Mit »Computer« meint Hawking natürlich unser Gehirn. Es ist fast tragisch, wenn einer wie Hawking so etwas sagt und vielen Menschen damit ihre Unbeschwertheit, Zuversicht und frohe Neugierde nimmt, die sie womöglich mit ihrem eigenen Tod verbinden.

Was antworte ich, der in diesem Buch zu erklären versucht hat, dass es keinen Tod gibt, sondern eben doch genau dieses von Hawking zitierte »afterlife«? Ich würde genauso provokativ sagen: Hawking hat absolut recht – denn er betrachtet nur den materiellen Aspekt des Lebens. Er ist am tiefsten Punkt der Materie angelangt. Seit 100 Jahren gibt es einen neuen, hoffnungsvollen Anfang, Materie und Bewusstsein wieder mit dem Geistigen zu verbinden. Dadurch konnte die Trennung von Geist und Materie aufgehoben werden. Max Planck betonte schon im Jahre 1905, in einer Hoch-Zeit des Materialismus, die Notwendigkeit einer göttlichen Schöpferkraft, die hinter allen Phänomenen der Natur stünde.

Das Gehirn ist Instrument unseres Geistes, das zu über

90 Prozent aus Wasser besteht. Wasser ist ein geniales Speichermedium, aber es ist nicht der Geist und nicht das Bewusstsein. Wie Sie ja inzwischen wissen, steht ein Betreiber hinter diesem Organ-Computer, der mit unserem Abgang von dieser Bühne zerfällt und bei Hawking tragischerweise leider schon sehr früh begonnen hat, Stück für Stück zu zerfallen: Dahinter steht die Software, Instrument unseres Bewusstseins. Die Software wird von einem schöpferischen Geist erschaffen. So wenig, wie das Auge das Licht erzeugt, so wenig erzeugt das Gehirn die Gedanken und so wenig ist das Gehirn das Bewusstsein oder der Geist. Software und Hardware des Gehirns dienen lediglich als Werkzeuge des Geistes und der Seele.

Die Geistseele existiert nach »unserem Zerfall« weiter. Sie kann niemals wegen ein bisschen Transformation des physischen Körpers wie ein Computer »abstürzen«. Keine Aufregung also! Hawking bezieht sich nur auf die berühmten fünf Prozent der sichtbaren Wirklichkeit, die wir mit unseren Sinnesorganen wahrnehmen können. Aber den bedeutendsten Rest hat er nicht erwähnt. Die Information, die unser Gehirn erst aufbaut, scheint es für ihn nicht zu geben. Die Aussage ist schlicht eine mechanistische und einseitige Betrachtung des Gehirns eines Mannes, der ausschließlich das Bewusstsein seines Geistes benutzt, um solche Aussagen zu formulieren. Womöglich ist diesem klugen Denker die Bedeutung des geistigen Hintergrunds seines eigenen Lebens noch nicht bewusst? Seine Mutter kannte den Hintergrund.

Wie Sie sich denken können, habe ich vor dem Tod selbst keine Angst. Ich habe die innere Gewissheit, dass er eine weitere Transformation meines Bewusstseins darstellt und dass etwas unglaublich Schönes kommt, wenn ich meine Aufgabe hier auf der Erde erfüllt habe. Ja, ich freue mich fast auf diesen Moment, in dem ich aus dem engen Gefängnis meines Körpers herauskomme und mit klarerem Bewusstsein weiterleben kann. Wann der Moment sein wird, weiß ich nicht. Aber ich habe keine Furcht vor ihm. »Das habe ich auch nicht!«, werden Sie sagen. »Aber bis es so weit ist, wie viele Schmerzen muss ich womöglich ertragen?«

Das macht Angst. Da gebe ich Ihnen recht. Wir wissen nicht, wie der Tod zu uns kommt oder wie er uns aus unserer dunklen »Platon-Höhle« in die Freiheit des Lichtes führt. Aber das eine weiß ich: Wir werden nie mehr tragen, als wir verkraften können. Das kann schon bis an die äußerste Grenzen der Belastbarkeit gehen, aber niemals darüber hinaus. Das irdische Leid dient zur beschleunigten Erfahrungssammlung in Ihrem Leben und zur Verkürzung Ihrer Kamalokazeit, damit Sie schneller in die höheren Dimensionen des geistigen Lebens gelangen. Katastrophen und Leid sind lediglich Gestaltungsmittel des Karmas im irdischen Leben, um die Reifung des Menschen als Vorbereitung für die geistige Welt zu beschleunigen. Dabei wirkt das Karma niemals lebensfeindlich. Es ist vielmehr ein lebensfreundliches Geschenk, das wir nur als solches erkennen müssen.

Ich komme meinen Patienten oft mit Metaphern. Zum Beispiel das vom Urlaub. Wenn wir uns auf der Erde inkarnieren, kommen wir wie aus einer weiten, kosmischen Urlaubsregion und verpflichten uns, 20, 50, 80 oder 100 Jahre, im Jammertal eingepfercht, in einem kleinen Gehäuse zu malochen oder freudig zu arbeiten. Wir wissen aber ganz genau, dass wir danach wieder in den Urlaub reisen können. Aber sind wir einmal im Gehäuse eingepfercht, finden wir es plötzlich ganz toll und wollen gar nicht mehr weg. Stellen Sie sich das mal vor: nicht mal mehr in den Urlaub zu wollen! Nicht mal »nix wie weg«! Was passiert, wenn dann einer wie ich kommt und sagt: »Auch wenn es Ihnen hier so gefällt, Ihr Nix-wie-weg-Urlaub ist trotzdem fest gebucht. Stornieren geht nicht. Irgendwann gehen Sie garantiert in Ihre wohlverdiente Urlaubsregion. Wollen Sie nicht wissen, wo es hingeht?« – »Nein, das interessiert mich überhaupt nicht«, habe ich dann ein paarmal gehört, woraufhin ich frage: »Buchen Sie denn immer Ihren Jahresurlaub, ohne zu wissen, wann und wohin?«

Meine Botschaft ist dann immer, dass man sich auf den Urlaub doch viel besser einrichten und vorbereiten kann, wenn man weiß, wohin es geht – ob in die Antarktis oder in die Wüste, ob ans Meer oder in die Berge, ob zum Frieren oder zum Schwitzen, ob zum Schnorcheln oder zum Klettern –, welche Landessitten zu beachten und welche Währungen zu tauschen sind. Alles aufregende Themen.

Damit nehme ich meinen Patienten eine gewisse Scheu, sich mit dem Thema Tod zu beschäftigen. Und ich merke, wie sie sich entkrampfen, wenn ich so locker darüber spreche. Ich hatte zum Beispiel einen schwer herzkranken Patienten, der wirklich mit letzter Kraft nach Luft rang und – nach Heidelberger Mundart – aus dem letzten Loch pfiff. Ich hatte das Gefühl, das Thema Tod ansprechen zu müssen, da ich weiß, dass Todesangst die Krankheit nur noch schlimmer macht und das Herz belastet.

Als ich den Mann darauf ansprach, schaute er auf den Boden, und seiner Frau stand der Schreck im Gesicht. Sie sagte: »Mein Mann will davon nichts wissen.« Macht ja nichts, dachte ich, und erzählte ihm die Geschichte mit dem Urlaub, warum wir immer wieder wechseln zwischen Jammertal und Urlaub, zwischen materiellem Arbeiten und geistiger Erleuchtung. Heute ist der Mann nicht mehr wiederzuerkennen. Es geht ihm viel besser. Er hat wieder Fuß gefasst. Er wandte sich seiner Angst zu, baute sein Vertrauen auf und begann sein inneres Wissen zu beachten. Er hat damit seine Heilung angestoßen und sicher ein paar Jahre hinzugewonnen. Das war die beste Medizin für ihn. Und ich denke, dass jeder Mensch diese Medizin braucht – die Beschäftigung mit dem Tod und dem Leben danach aus einer ganz anderen, positiven und spannenden Perspektive.

Solche Metaphern – ich benutze noch viele andere – verstehen meine Patienten sofort. Diese Bilder geben ihnen eine innere Gelassenheit, eine Ruhe, eine Gewissheit. Die unbestimmte Angst vor dem Tod verschwindet, und wir werden frei. Wir können uns Gedanken über unseren Abschied von der Erde machen, ohne dass wir gleich ein mulmiges Gefühl bekommen oder in Panik geraten.

»Was soll eigentlich auf Ihrem Grabstein stehen?« Diese Frage liest man ab und zu in Interviews mit Prominenten und sie hat natürlich mit der Beschäftigung mit dem eigenen Tod zu tun. Doch habe ich mir auch schon Gedanken darüber gemacht. Es wird der gleiche Spruch sein, den sich meine Frau wünschte:

Ex Deo nascimur
In Christo morimur
Per Spiritum Sanctum reviviscimus

Der Spruch bedeutet sinngemäß: Wir sind aus dem Schöpfer-Gott in die Welt der Materie hineingeboren und den Naturgesetzen unterworfen. In Christus überwinden wir durch den Tod die Unterwerfung unter die Materie und die Naturgesetze. Durch den heilenden Geist werden wir mit unserem Ich-Bewusstsein im Einssein mit dem göttlichen Bewusstsein auferstehen.

In diesen Sätzen liegen für mich eigentlich die großartigste Erkenntnis und das größte Bekenntnis: **Wir kommen aus dem Geistigen, lernen auf der Erde die Überwindung der materiellen Bindung und leben im Einssein mit göttlichem Bewusstsein unsterblich und ewig weiter.** Das ist auch der Grund, warum ich ganz selten zum Friedhof gehe. Ich brauche diesen Andachtspunkt nicht. Mir reicht allein ein Gedanke, um eine Verbindung aufzunehmen. Gedanken wirken ja unabhängig von Ort und Zeit. Sie sind Licht-Quanteninformationen, die sich nonlokal mit unendlicher Geschwindigkeit ausbreiten. Sie sind überall gleichzeitig, im gesamten Kosmos vorhanden. Über Resonanz wirken solche Licht-Quanteninformationen unserer Gedanken genau da, wo sie gebraucht werden. Vielleicht nicht immer im Sinne des Denkers – es gibt ja kleine und große Denker wie auch defekte und blockierte Empfangsstationen. Aber sie haben das Potenzial des omnipotenten Wirkens.

Genauso wie einem jederzeit Gedanken an alles Mögliche kommen können, genauso kann ich jederzeit Andacht halten. Andacht ist die innere Konzentration und Achtsamkeit in Bezug auf die geliebten Menschen mit liebevoller Wertschätzung und Würdigung. Ob es nun eine Blume aus dem Garten ist, die man aufs Grab stellt, oder eine innere Blume, die man gedanklich entwirft, macht letztlich keinen Unterschied. Wenn ich eine Blume achtsam und liebevoll durch mein Bewusstsein wahrnehme, können meine Lieben durch meine Augen und Empfindungen diese Blume ebenso sehen und riechen und durch meine Seele fühlen. Vergessen Sie niemals: Unsere Gedanken des Bewusstseins und das Fühlen unseres Herzens erzeugen die Kräfte, die Wirklichkeit schaffen.

Damit will ich niemanden korrigieren, der regelmäßig zum Friedhof geht. Denn das ist ein gutes Ritual. Wir nehmen diesen Besuch ja zum Anlass, in Achtsamkeit, Ruhe und Liebe zu den Verstorbenen aufzuschauen. Aber glauben Sie, dass sich Geistseelen nur auf Friedhöfen herumtreiben? Sie sind natürlich in jedem Augenblick da, wo wir sie uns wünschen oder vorstellen.

In der geistigen Welt gibt es eine unendliche Fülle an seelischen und geistigen Informationen, sodass irdische Dinge immer nebensächlicher werden. Wissen über Materie, das auf der Erde Speicherplätze in Großcomputern füllt, hat in der geistigen Welt keinen Bestand. Die Geistseelen nehmen zwar durch uns die Ereignisse auf der Erde in der Illusion der Materie wahr, aber interessanter für sie sind unsere Gedanken und Gefühle, die ihnen Wohlbehagen oder auch Missbehagen bereiten können.

Hat man diese geistige Arbeit also verinnerlicht, braucht man keinen Friedhof mehr. Er dient lediglich als Ort der Versammlung von Menschen, die zum Andenken an Verstorbene eine bestimmte Gelegenheit suchen. Für manche ist er ein wichtiger Anknüpfungspunkt der Herzensverbindung. Da ist jeder Mensch anders. Der Friedhof als lokaler Ort hat keine Bedeutung, wenn wir erkannt haben, dass wir unsere Verstorbenen jederzeit erreichen können.

Bei mir funktioniert das. Auch nachdem nun ein Jahr vergangen ist. Mir ist aufgefallen, dass die akuten Gefühle der ersten Tage, das Fassungslose und Aufreibende, sich in Ruhe und Gelassenheit gewandelt haben. Damit meine ich nicht, dass ich weniger an meine Töchter und meine Frau denken würde. Im Gegenteil, ich denke viel an sie. Ich kann mit ihnen über Herzensgefühle Seelenkontakt aufnehmen. Ich kann mich gedanklich mit ihrem Geist in einer unglaublichen Geschwindigkeit austauschen. Bevor ich eine Frage ausgesprochen oder gedacht habe, ist oft schon die Antwort da. Bezogen auf meine Frau, sind das weiterhin Fragen zu meinen Patienten, zu den Behandlungen oder meiner Quantentherapie. Viele Gewissheiten, wo und wie lange ich meine Hand hinzulegen habe, sind von meiner Frau inspiriert.

Auch meine Töchter spüre ich im Alltag. Sie liefern mir Antworten in Situationen, in denen ich mich mit jungen Menschen unterhalte, die im Alter meiner Töchter sind. Ich will dann einfach wissen, ob ich zeitgemäß denke oder ob mein Denken veraltet ist. Dann frage ich sie: »Was würdet ihr dazu sagen? Wie nehmt ihr das wahr? Wie seht ihr das?« Was kann ich zum Beispiel einem jungen Mädchen raten, wenn es Liebeskummer hat? Oder welchen Impuls benötigt dieser junge Mensch für seine augenblickliche Lebenssituation? Ich kann ja nicht einfach meine Erfahrungen übertragen. Es kommt durchaus vor, dass mir in solchen Situationen die Worte einfach aus dem Mund fließen und ich mich frage, warum ich das denn jetzt überhaupt sage. Ich beobachte mich dabei selbst und merke, dass das die Hilfe aus der geistigen Welt ist, die mir zugutekommt. Im letzten Kapitel werde ich Ihnen in ein paar ganz konkreten Übungen zeigen, wie Sie diese Kommunikation mit der geistigen Welt trainieren können.

Die Ereignisse im Jahre 2010 haben mich verändert. Mein Verhältnis und meine Liebe zu meinen anderen beiden Töchtern haben sich verstärkt. Wir sagen uns plötzlich, wie schön es ist, dass es den anderen gibt. So etwas war zwar vorher auch da, blieb aber eher unausgesprochen. In der Routine des Alltags vergisst man das allzu schnell. Es hat sich die Erkenntnis verstärkt, dass das Leben eines jeden Menschen ein unglaublich kostbares Geschenk in dieser Welt der Illusion ist – und dass jeder Mensch ein Juwel des Himmels darstellt. Ebenso bin ich zu der Erkenntnis gekommen, wie wunderschön eine erfüllende Partnerschaft für die Evolution der eigenen Persönlichkeit ist. Wie der Partner durch bedingungslose Liebe seine wahre innere Schönheit immer mehr zum Erblühen bringen kann. Wie ein feines geistiges Schwingen der Gedanken den anderen beflügeln und begeistern kann.

Deshalb fragen Sie sich bei dem Verlust eines Ihnen nahestehenden Menschen: Warum bleibe ich da? Und wenn ich schon da bleibe, wie und wozu bleibe ich da? Was ist der Sinn meines Lebens ohne den geliebten Menschen? Welches ist meine Aufgabe? Bei diesen Fragen kommt ein Gefühl der Verantwortung für all die Mitmenschen hoch, die das eigene Leben begleiten und das Karma mitgestalten. So kann ich als ein wichtiger Ankerplatz für die Lebensgrundlage von Mitarbeitern, der emotionalen Stabilität von Freunden, des Sicherheitsgefühls von vielen lieben Patienten eine große Bedeutung haben.

Wichtig ist auch die Wirkung dessen, *wie* ich dableibe. Schaue ich voller Zuversicht in die Zukunft oder schaue ich ängstlich zurück in die Vergangenheit? Schaue ich sorgenvoll nach vorn oder lebe ich im Jetzt? Die meisten Menschen hadern zu 50 Prozent mit der Vergangenheit, die sie nicht mehr ändern, und ängstigen sich zu 50 Prozent vor der Zukunft, um die sich nur sorgen können. Für die Gegenwart, die das Morgen bestimmt, haben sie keine Gedanken übrig. Dabei wird aus dem, was wir heute denken, das, was wir morgen erleben. Sie trauern um die verpassten Gelegenheiten und sorgen sich um die zukünftigen Chancen und vergessen, im Jetzt ihr Ziel aktiv und kreativ zu manifestieren. Wenn man ein Ziel tief in seinem Inneren verankert, so wird das ganze Universum mitwirken, dieses Ziel zu verwirklichen. Nur eines lässt das Ziel sicher verfehlen: Zweifel und Sorgen. Zweifel sind mangelndes Vertrauen in die kreative Gedankenkraft. Sorgen sind die Ängste vor dem Scheitern.

Wie bleibe ich da? Darf ich eine neue Beziehung oder Partnerschaft zu einem anderen Menschen aufnehmen? Ab welchem Zeitpunkt darf ich das? Was sagen die anderen, was meint der oder die Verstorbene dazu? Erlaubt er/sie das? Bin ich nicht mit dem Verstorbenen durch einen Treueschwur derart verbunden, dass ich den Rest meines Lebens einsam und allein verbringen soll? Soll ich in immerwährendem treuen Andenken in einem stillen Kämmerlein trauern? Breche ich einen Schwur, wenn ich eine neue Partnerschaft eingehe? Gibt es Eifersucht im Leben nach dem Tod? Können Tote alles sehen? Muss ich mich stets rechtfertigen und um Erlaubnis fragen? Das sind eine Menge Fragen, die auftauchen, nachdem Sie nun wissen, dass das Leben nach dem Tod weitergeht. Auch wenn Sie darüber nachdenken, ob Sie sich im Jetzt in die Fülle oder den Mangel der Schöpfung stellen sollen. Wie wollen Sie damit umgehen? Meine persönliche Erfahrung ist die, dass eine wahre Liebe Freiheit gibt, Freiheit von den irdischen Ego-Besitzansprüchen, wie zum Beispiel keine neue Beziehung anknüpfen zu dürfen, in Schwarz gehen oder jeden Tag eine Kerze anzünden zu müssen.

Eine neue Freundschaft oder Partnerschaft hat nichts mit Untreue zu tun oder mit dem Brechen eines Schwures. In der geistigen Welt gibt es keine Trennung der Geistseelen wie in der dreidimensionalen Erdenwelt. Hier ist das Gefühl des liebevollen Ineinanderverwobenseins seelenverwandter Wesen dominierend. Hier leben die Geistseelen ohne Eifersucht in dauernden Beziehungen mit anderen geliebten Seelen der Ahnenreihe, des Freundeskreises und Geistverwandschaften. Hier sind alle glücklich, wenn auf der Erde die Lebenden glücklich sind. Und dein Glück hängt nur von der Beschaffenheit deiner Gedanken ab, sagte einst der römische Kaiser Marc Aurel.

Herrschten allerdings im Erdenleben die Gedanken von Misstrauen, Eifersucht, Geiz, Besitzanspruch und Unglück vor, dann wird es eine gewisse Zeit im Kamaloka dauern, bis Geistseelen mit solchen Gedanken diese irdischen Eigenheiten abgelegt haben. Dabei ist sicherlich eine gewisse Seelenpein für den Toten fühlbar. Die Gefühle und Gedanken sind nach dem Tod in der Geistseele weiterhin gegenwärtig und erzeugen ihre eigene geistige Welt. Auch hier gilt noch die Geisterkenntnis in der Quantenphysik: »Die Welt ist so, wie wir sie sehen.« Inwieweit noch Seelenschmerzen vorhanden sind, können Sie als Zurückgebliebener in Ihrem Herzen spüren und fühlen lernen. Ihre liebevolle Achtsamkeit im Denken und Fühlen wirkt ausgesprochen tröstend für den Toten.

Aber schon in der Kamalokazeit und zunehmend in den nächsten Planetensphären nach der Mondensphäre nimmt das Interesse der Geistseele für die Ereignisse auf der Erde sehr stark ab. In der Sonnensphäre ist die irdische Welt so weit weg, wie auf der Erde gewöhnlicherweise die geistige Welt entfernt ist. Die Geistseele kann jedoch auch da noch die alten Erinnerungen mit ihrem kreativen Ich-Bewusstsein herbeiholen. Das ist kein Sehen wie mit den Augen des physischen Körpers. Diese gibt es nicht mehr nach dem Tod. Aus dem Sehen wird ein geistiges Schauen und Fühlen der Hintergründe und Ereignisse, die auf der Erde scheinbare Wirklichkeiten sind. Die Geistseelen empfinden ein ausgesprochenes Wohlbefinden, sobald sich die Liebe geliebter Menschen mit ihnen verbindet. Sie wissen ja, dass sie in den Planetensphären, je nach Erdenreifung, ein erfüllendes und beglückendes Erleben im Einssein mit anderen geistigen Wesen haben können. Eifersucht und Gefühl des Verlassenseins bleiben der Erde vorbehalten. Allerdings kommt die Geistseele, wenn sie im irdischen Leben keine spirituelle Entwicklung durchgemacht hat, in diese trostlosen und verlassenen Dimensionen der geistigen Welt, die starke Vereinsamung erzeugen. Dadurch lernen sie, Hader, Wut und Zorn loszulassen, und erkennen das Zerstörungspotenzial dieser negativen Gedanken in der geistigen Welt.

Sie, die zurückgeblieben sind, können noch unter Schock und dem Eindruck des Verlusts stehen. Sie können anfangen zu hadern, zu jammern und klagen, alles schlecht zu sehen und sich in eine Depression zu versenken. Oder Sie krempeln für die Zeit, die Sie hier noch haben, die Ärmel hoch und tun Ihr Bestes in der Gegenwart. Diesen Punkt bin ich für mich angegangen. In meiner mir noch zustehenden irdischen Lebenszeit werde ich mich in Achtsamkeit üben, nichts zu versäumen, sondern Nägel mit Köpfen zu machen und nichts hinauszuschieben in die Jahre des Alters oder des Nicht-mehr-Könnens. Ich möchte im Jetzt die Fülle der Schöpfung kosten. Ich möchte in meiner Praxis mit meiner wunderbaren ärztlichen Tätigkeit Menschen wirkliche Heilimpulse geben und nicht deren Krankheit verwalten. Ich möchte noch mit Freude arbeiten, solange es mir geschenkt wird und bis meine beiden Töchter diese schöne Aufgabe mit voller Begeisterung weiterführen können.

Die Bedeutung meiner Heilarbeit ist mir noch klarer geworden. Und mir ist aufgegangen, dass ich meine Aufgabe als spiritueller Lehrer viel mehr in den Mittelpunkt rücken soll. Ich beobachte immer wieder, wie sich das Bewusstsein meiner Patienten verändert, während ich mit ihnen spreche.

Das verfolge ich mit großem Interesse. Nach kurzer Zeit sehen sie anders aus, ihre Augen blicken anders. Ich kann in ihre Seele schauen und bemerke einen nach innen gerichteten Blick und einen inneren Ausgleich. Viel Patienten spüren diese Veränderungen an sich selbst und sagen: »Ich muss nur mit Ihnen sprechen und schon fühle ich mich besser.« Dies geschieht auch häufig schon am Telefon. Ich muss nicht bei jemandem sein, die Wirkung hängt stets von der Resonanzfähigkeit des Einzelnen ab. Diese Heilaufgabe war früher auch immer präsent, aber ich wusste lange nicht, wie ich es am besten anstellen soll.

Jeder Mensch hat eine wichtige Aufgabe auf der Erde, vor der wir uns nicht drücken sollten. Wir sind für die Wesenheiten der höheren Welten von besonderer Bedeutung, unabhängig von unserem sozialen Status, dem Beruf, materiellem Reichtum oder Armut. Jedes Individuum wirkt wie ein Spiegelorgan für das Bewusstsein der kosmischen Intelligenzen, die wir in ihrer Gesamtheit als Gott bezeichnen können. Rudolf Steiner drückte diesen Zusammenhang in einem Vortrag vom 5. November 1912 in Berlin folgendermaßen aus: »So wie der Mensch sein Gehirn braucht, um sein Bewusstsein zu spiegeln, so brauchen die Wesenheiten der höheren Welten den Menschen, sodass er an ihrer Arbeit mitwirkt.«

Ich möchte Ihnen folgenden Gedanken mitgeben: So schlimm, so tragisch, so grundlegend ein solcher Abschied von Familienmitgliedern und Freunden zuerst ist, könnte er nicht auch für Sie eine Art Geschenk sein? Könnte dieser Abschnitt nicht auch eine Botschaft in sich tragen, einen Aufruf, der Sie weiterbringt? Könnte nicht dieses fundamentale Ereignis eine neue, vielleicht die wichtigste Lebensphase einläuten?

Die Ereignisse, die so schrecklich und trostlos erscheinen, haben, unter dem Gesichtspunkt des Karmagesetzes betrachtet, eine große Bedeutung. »Das Karmagesetz, richtig verstanden, wird nicht ein Gesetz sein, das uns niederdrücken kann, sondern ein Gesetz, das uns Trost und Kraft geben wird und uns immer stärker machen wird. Ein Lebenskraftgesetz ist das Karmagesetz«, schreibt Rudolf Steiner. Solange man nicht an schweren Schicksalsschlägen zerbricht, können diese den Zurückgebliebenen bedeutsame Impulse für verborgene Fähigkeiten und neue Ideen geben. So gesehen, könnte man den Abschied inkarnierter Seelen von der Erde zurück in die geistige Welt auch als Opfer oder besser als eine Tat der bedingungslosen Liebe des höheren Selbst verstehen, um anderen Seelen auf der Erde Reifungschancen zu eröffnen. Dadurch kommt die Evolution des Einzelnen wie auch die der gesamten Menschheit und die des Planeten Erde voran. Ereignisse wie der Tod naher Angehöriger senden viel Energie aus. Und vergessen Sie nicht, dass Sie weitere Energie und Unterstützung von Ihren Lieben aus der geistigen Welt erhalten.

Wir Menschen haben im Leben die Neigung, Ankerplätze aus Gewohnheiten und Mustern anzulegen, die wir lieben und schätzen gelernt haben. Diese Ankerplätze verleihen uns Halt und scheinbare Sicherheit. An diesen Plätzen klebt ein kleinerer oder größerer Teil von unserem Selbst. Ankerplätze sind Menschen, die wir lieben. Berufe sind Ankerplätze. Geld und Ansehen sind Ankerplätze. Ein Teddybär, ein Schnuller, ein Schmusetuch, Häuser, Autos, Kleidung, Handys, Kunst, Tiere, irdische und geistige Orte, Kirchen und Tempel sind Ankerplätze. Kurzum alles, dessen sich unser Ego bemächtigt. Alles, an dem es anhaften, alles, was es lieben lernen kann, sind Ankerplätze. Haben wir an einem Ankerplatz fest angedockt, erzeugt unser Ego nach kurzer Zeit neue Wünsche und Sehnsüchte nach besseren, noch schöneren und größeren Ankerplätzen. Der Mensch wird durch das Verlangen seines Egos zu einem Sklaven seiner unstillbaren Wünsche und läuft wie in einem Hamsterrad den unerfüllten oder unerfüllbaren Gedanken und Gefühlen hinterher.

Der Verlust eines geliebten Ankerplatzes führt zu Verunsicherung, zu Ängsten und Sorgen. Das Ego fühlt sich bedroht. Je mehr es sich bindet, desto größer wird die Angst vor dem Verlust. Die Ankerplätze sollen gefälligst beständig und bequem sein, um sich sicher und wohlzufühlen. Aber im Bereich der Materie gibt es leider keine Beständigkeit. Alles fließt. Das einzige Beständige in der materiellen Welt ist das Vergängliche, das Fließen im Wandel. »Alles ist im Fluss«, erkannte schon Heraklit im Jahr 500 vor Christus.

Wie Sie wissen, entspringt der »Materie-Fluss« aus den geistigen Informationen. Aus diesen geistigen Dimensionen erzeugen wir im Meer der Möglichkeiten unsere Wirklichkeiten und unsere Realitäten, die unter dem Prinzip des Wandels und des Loslassens stehen. Das lehrten schon die alten Weisheitslehrer wie Laotse im Tao Te King: »Wenn wir an Meinungen festhalten, wird unser Geist stumpf und nutzlos. Lass deine Meinung los! Wenn wir am Besitz festhalten, werden wir immer bedroht sein. Lass deinen Besitz los!« Entsprechend sagte Buddha: »Solange du anhaftest und nicht loslässt, wirst du leiden. Lass los und du wirst frei von Leid.«

Verlieren wir unerwartet geliebte Menschen – durch einen Unfall oder plötzliche Krankheit –, so haben wir das Gefühl, ein Teil unseres Selbst ginge verloren. Wir können bis auf die Grundfesten unseres Lebens erschüttert sein und unser ganzes Sein infrage stellen. Solche tiefen Erschütterungen führen bei geistig nicht geschulten Menschen zu bestimmten Reaktionsmustern mit großen Auswirkungen auf ihre Gesundheit und ihren weiteren Lebensverlauf. Viele Menschen hadern und suchen die Ursache oder einen Schuldigen. Manche lassen den Hader ihr ganzes Leben nicht mehr los. Sie verbleiben in ihrer gewohnten Sichtweise und richten ihren Groll gegen Gott und die Welt, manche sogar auch gegen sich selbst.

Viele Pseudogläubige beschimpfen das, was sie sich unter ihrem Gottesbild vorstellen, und streiten die Existenz von Gott oder seine Berechtigung ab. Dieser vermeintliche Gott hat ihren Erwartungen nicht entsprochen, folglich wird er mit Beschimpfung und Nichtachtung bestraft. Das Ego ist zutiefst verletzt. Andere kämpfen mit Aggression, mit Wut und Hass in ihrem Herzen gegen einen Schuldigen oder versuchen krampfhaft, den vermeintlich Schuldigen zu finden und zu bestrafen. Wieder andere wenden die Aggression nach innen und kämpfen gegen sich selbst, gegen ihr »mieses« Karma, und erzeugen eine große Leere mit schweren Depressionen. Manche kombinieren die Depression im Inneren mit einer Zerstörungswut im Äußeren. Streit ist eine häufige und zerstörerische Aggression, die alle Beziehungen vernichten kann.

Andere fangen an zu klagen. Klagen ist eine andere Form der Aggression. Sie beklagen sich bei Gott und der Welt und verbleiben den Rest ihres Erdenlebens in der Klagehaltung. Kennen wir alle nicht Sprüche wie diesen: »Wenn du das erlebt hättest, was ich durchgemacht habe, dann würdest du anders reden, denken, fühlen ...« Was meinen Menschen, die so etwas sagen, damit? »Dass du gar nicht mitreden darfst, dass du mich niemals trösten kannst. Versuche es bitte, ich konsumiere jederzeit deine Zuwendung – aber du hast dennoch keine Chance ... dass ich bei meiner Klage bleibe und mich auf keinen Fall von meinem Groll abbringen lassen will. Nicht mal von einem lieben Gott, falls es einen gibt. Wie könnte ein lieber Gott dieses Elend auf der Welt zulassen, wenn es ihn gäbe? Wenn er mich nicht sofort aus meinem Schlamassel herausholt, strafe ich ihn mit Nichtachtung und bestreite einfach seine Existenz. Basta. Soll er gucken, wo er bleibt. Bei mir gibt es ihn jedenfalls nicht. Soll er bleiben, wo der Pfeffer wächst.« Wie erleichtern solche Kraftsprüche!

Und diesen Vorwurf kennen Sie doch sicher auch: »Selbst mit unschuldigen kleinen Würmchen hat er kein Erbarmen! Wie könnte er sonst so viele Kinder täglich verhungern lassen?« In dieser Anklage zu verharren tut dem Kläger scheinbar gut. Er kann bei seinen alten Gewohnheiten bleiben, muss nicht immer neu gegen den Strom des unbeständigen Lebens schwimmen. Und hat einen Schuldigen in seiner vermeintlichen Außenwelt. Den kann er lautstark beschimpfen, ohne Sorge haben zu müssen, gleich eine übergebraten zu bekommen – der »liebe Gott« soll ja, falls es ihn doch geben sollte, nicht rachsüchtig sein!

Wiederum andere geben auf ihrer »Tour de force« des Lebens vorzeitig auf. Sie wollen nicht bis zum ach so anstrengenden Ziel durchradeln. Paulo Coelho schildert dies in seinen Aphorismen »Der Wanderer«: »Das Leben ist ein großes Radrennen, dessen Ziel darin besteht, seinen Lebensentwurf zu leben.« Am Start sind wir alle noch beisammen. Manche geben kurz danach auf. Andere radeln ein bisschen weiter, viele neben dem Versorgungswagen. Wenige radeln bis zum Ziel. Fragen Sie sich, ob sich diese Tortur überhaupt lohnt? Dann heißt die Antwort: Es lohnt sich, wenn Sie nicht auf der Strecke bleiben.

Es ist zu bequem, aus dem anstrengenden Lebensfluss auszusteigen, sich von anderen huckepack nehmen zu lassen und zu sagen: »Mach du doch mal für mich. Ich bin müde, ich schaffe es nicht und habe meine Seelenfensterchen zugemacht. Ich kann keinen Fahrtwind mehr ertragen, noch mag ich länger in die Pedale treten. Meine Muskeln tun weh. Ich fürchte mich vor großen Anstiegen und rasanten Bergabfahrten unter der Tortur der Tour de force meines Lebens.« Alle, die denken, sie seien unzulänglich, bleiben vor Angst und Sorgen auf der Strecke und halten sich an den Versorgungswagen. Sie lassen sich im Mangel aushalten – bis ans ersehnte Ende ihrer »Tour de vivre«, der Tour ihres Lebens.

Bei einem solchen Jammer und Elend kann es eine geistige Welt oder gar ein Leben nach dem Tod überhaupt nicht geben. Der Egoismus und die geistige Blindheit stehen bei all diesen Reaktionsmustern im Vordergrund. Die Verbindung zur physischen Materie dominiert. Rudolf Steiner kennzeichnet solche Denkmuster so: »Das Physische ist nur so lange eine überwältigende Macht, solange der Mensch in seinem Geistigen keine Kraft dagegen ausbildet. Bildet er diese Kraft aus, dann wird in ihm ein Kämpfer gegen alles Physische erwachsen.« Mit Jammer-Denkmustern reagiert ein Mensch auf den Verlust von geliebten Ankerplätzen, der noch kein Bewusstsein von seinem wahren unsterblichen, geistigen und göttlichen Leben in sich trägt. Die Art und Weise der Reaktionen sind abhängig von dem »Geschmäckle« der Ich-Persönlichkeit und individuellen Ausprägung seiner Gemütsseele.

Es gibt auch andere Reaktionsformen von Menschen, die in ihrer persönlichen Entwicklung ein bisschen weitergekommen sind. Manchmal brauchen sie eine Menge Verluste an Ankerplätzen für die Reifung. Dazu möchte ich Ihnen eine Anekdote meiner Tochter, die gerade 22 Jahre alt war, erzählen. Sie sagte eines Tages zu mir: »Du Papa, ich weiß einen Witz. Ein Mann geht aus seiner Haustür die Straße entlang und fällt in ein tiefes Loch. Mühsam klettert er heraus und schimpft. Am nächsten Tag geht er zur Haustür heraus, geht die Straße entlang, fällt wieder in das tiefe Loch, klettert mühsam heraus und schimpft noch mehr. Am dritten Tag geht er wieder hinaus, fällt wieder in das tiefe Loch, klettert mühsam heraus und schimpft granatenmäßig. Am vierten Tag geht er hinaus, fällt wieder in das tiefe Loch und sagt: ›Vielleicht hat das etwas mit mir zu tun.‹ Er klettert nachdenklich heraus. Am nächsten Tag verlässt er sein Haus und nimmt eine andere Straße.« Meine Tochter hatte etwas von Lebensmustern und der Trägheit von Denkgewohnheiten verstanden, die erst durch wiederholte Krisen zur Reifung gelangen.

Hat ein Mensch die kreative Gedankenkraft des Geistigen und den steten Wandel in der materiellen Welt erkannt, erschafft er sich so viele neue Ankerplätze, wie er braucht – und wird frei. Er wird frei von Ängsten und Sorgen, die seinen physischen Körper ruinieren und töten. Das meint Jesus Christus mit seiner Aussage: »Ich bin der Weg, die Wahrheit und das Leben.« Die Wahrheit macht frei. Die Wahrheit bedeutet Liebe, und die bedingungslose Liebe macht frei. In der Wahrheit haftet der Mensch nicht mehr an den irdischen Dingen, sodass er nicht mehr den erfüllten oder unerfüllten Wünschen und Sehnsüchten hinterherjagen muss. »Erfüllen sich die Wünsche oder erfüllen sich die Wünsche nicht, die Menschen werden enttäuscht sein«, lautet eine Lehre Buddhas. Jagen Sie nicht mehr den Wünschen hinterher, so können Sie in aller Gemütsruhe die Schönheit und Fülle der Schöpfung in Anspruch nehmen und sie in bedingungsloser Hingabe mit voller Lebenslust genießen. Trotz vieler Hindernisse, die sich Ihnen immer wieder in den Weg stellen werden. Sie dienen nur Ihrer Schulung im Alltag. Sie können voller Vertrauen Ihr Leben in Glück und Liebe verbringen. Liebe, Vertrauen und Zuversicht sind die polaren Gegensätze zu Angst und Sorgen. Sie befreien Ihre Seele und Ihren Geist von den naturgesetzlichen Bedingungen, befreien sie wie einen Schmetterling aus seinem engen Kokon. Die Geistseele erkennt ihr wahres Licht. Sie lernen die absolut sichere Erkenntnis: Es gibt keinen Tod – wir sind unsterbliche Götter. Der Tod betrifft nur den Wandel des physischen Körpers. Dieser wird wieder in die unsichtbaren »Bausteinchen« aus Lichtinformationen zurückverwandelt, die zuvor seine Energie, Masse und Materie gebildet haben.

Der Verlust von Ankerplätzen ist eine Herausforderung. Das Geschenk von Christus, das uns diese Herausforderung zu meistern hilft, ist die Gedankenkraft des Vaters. Diese hat er vor 2000 Jahren den Menschen übertragen. Sein ungeheuer wertvolles Geschenk befähigt Ihren Geist, Ihr Potenzial aus dem Meer der Möglichkeiten einzusetzen. Sie haben mit Ihrem Bewusstsein die Möglichkeiten und die Kraft, Verluste zu ertragen und in Siege zu verwandeln. Sie werden zum Mitschöpfer der Erde und des Kosmos. Sollten Sie kleines Menschlein auf der kleinen Erde am Rande der Milchstraße in einer mittelgroßen Galaxie – von denen es eine Unzahl größere gibt im gesamten Universum –, sollten Sie mit Ihren unvollständigen kleinen Gehirnwindungen wirklich schöpferische Fähigkeiten für die Erde und den Kosmos haben? Das kann doch unmöglich wahr sein! Und doch ist es wahr. Der Heiler Daskalos sagte seinen Schülern immer: »Wir sind hochstehende geistige Wesen vom Range eines Erzengels. Wir haben unbegrenzte Fähigkeiten und sind Götter. Aber wir strengen uns furchtbar an, diese Fähigkeiten ja nicht in unserem Leben zu benutzen.« Wir sind Geschöpfe und zugleich Schöpfer des Universums. Das ist wahrlich Ihre Götteraufgabe. Das ist das großartigste Geschenk des Schöpfers, das er seinen Geschöpfen schenken kann. Dadurch erhebt er Sie auf den Sockel seiner Götterstufe! Gibt es einen besseren Beweis seiner Achtung und Liebe?

Rudolf Steiner drückte dies so aus: »Der Mensch ist nicht bloß dazu da, um sich von der fertigen Welt ein Bild zu machen, nein, er wirkt selbst mit an dem Zustandekommen dieser Welt.« Dieses Wissen in sich zu tragen reicht nicht allein, Sie dürfen und müssen auch kreativ damit handeln.

»Es ist nicht genug, zu wissen, man muss auch anwenden; es ist nicht genug, zu wollen, man muss auch tun«, schrieb Johann Wolfgang von Goethe in »Wilhelm Meisters Wanderjahre«.

Packen Sie also Ihr Leben trotz Leid und Kummer, trotz Ängsten und Sorgen beherzt an. Fassen Sie Mut. Benutzen Sie Ihre kreative Gedankenkraft, dieses wunderbare Geschenk der göttlichen Gedankenkraft, das Ihnen von Christus gegeben wurde. Benutzen Sie es zur Evolution der gesamten Menschheit! Erschaffen Sie sich mit dieser Gedankenkraft, Ihrem kreativen Bewusstsein, ein menschwürdiges und glückliches Leben, erfüllt mit Liebe zur Fülle der Schöpfung! Das ist eines jeden Menschen Aufgabe, mit seinen Kräften des Herzens, mit seinen Kräften der Liebe die Erde und den ganzen Kosmos zu durchdringen und die Wahrheit zu leben. Sie haben bereits verstanden – die Wahrheit macht frei. Frei durch die unbesiegbare Kraft der Liebe. Frei von den Bindungen der Materie. Der Mensch wird sich von der Unterwerfung unter die Naturgesetze vollständig lösen, wie es ihm durch die Errungenschaften der Technik bislang teilweise gelungen ist. Für den weiteren Teil der Loslösung braucht er die Errungenschaften der Geisteswissenschaft. Und dann wird er mit vollem Ich-Bewusstsein seines Selbst in die Welten des unsichtbaren, geistigen, unsterblichen Lebens gelangen. Das ist die wahre Botschaft, die Christus vor 2000 Jahren den Menschen in Gleichnissen zu vermitteln suchte. Das ist die Wahrheit der Liebe und der Unsterblichkeit. Ein Teil davon ist eine Basiserkenntnis der Quantenphysik, die feststellte, dass Materie und Geist nicht trennbar sind; dass die Welt so ist, wie wir sie sehen; und dass Gedanken und Bewusstsein aus Lichtprozessen hervorgehen. Das heißt, dass wir sie mit dem kreativen Bewusstsein aktiv gestalten und an ihr teilhaben.

Am Ende meines Lebens, bei meinem Tod, dem großartigsten Erlebnis meines geistigen Seins, bevor ich aus meinem Kokon schlüpfe, möchte ich zu meinen Liebsten sagen: »Es ist alles richtig, wie es war und ist, feiert mit mir die Auferstehung aus dem Grabe des blinden Höhlentums. Weint nicht um meinen physischen Körper, der nach dem Tod in seiner Bedeutung das Geringste ist, sondern feiert mit mir die Verwandlung in das Licht der Liebe und die schöpferische Gedankenkraft. Ich werde immer in und bei euch sein, solange Ihr mich in eurem Herzen tragt. Das unsterbliche Leben geht in seine wahre geistige Form über.« Wie sagt Buddha: »Abschied und Tod stehen für Neuanfang und Leben. Alles, was du zurücklässt, findest du in einer anderen Form immer wieder.« Die andere Form verbindet sich mit dem Göttlichen, mit dem Urgrund allen Seins, im Einssein. Auch das ist ein Geschenk von Christus. Bei Johannes sagt er in 17,22 (Neues Testament, Ogilvie): »Ich habe das Wesenslicht, das du mir gegeben hast, ihnen gegeben, auf dass sie eins seien, gleich wie wir eins sind: Ich in ihnen und du in mir, auf dass ihre Einheit vollendet sei.« Sie erinnern sich noch an das Lukas-Evangelium: Die Verklärung mit dem Wesenslicht bedeutet, jenseits von Raum und Zeit im Geistigen zu sein.

Das ist das höchste Ziel der menschlichen Evolution: Überwindung des Todes, Befreiung von der Materien-Verbindung und die Einheit mit dem Göttlichen in der Unsterblichkeit von Geist und Seele. Benutzen Sie Ihre kreative

Gedankenkraft zur Erschaffung von Freiheit und Fülle Ihres Lebens. Benutzen Sie Ihr Wesenslicht, um die Einswerdung mit dem Geistigen, dem Göttlichen zu erreichen.

Sie werden in Ihrer göttlichen Natur erwachen und mit Ihrem Ich-Bewusstsein zum Mitschöpfer des Kosmos. Ein spannendes und intensives Leben in Liebe zur gesamten Schöpfung wird Ihnen geschenkt. Freuen Sie sich in diesem Leben in der Welt der Materie, der Illusion. Freuen Sie sich jeden Morgen beim Aufwachen und lächeln Sie Ihrem Leben zu. Lächeln Sie ob der Fülle Ihres geistigen Lebens und lächeln Sie ob der Weisheit Ihres Karmas. Fühlen Sie sich im Einklang mit der Welt der Materie und des Geistes, mit Ihrer eigenen Schöpfung. Dann befinden Sie sich – mit und ohne physischen Körper – in der Unsterblichkeit Ihres Geistes und Ihrer Seele.

6 DIE ÜBUNGEN – PRAKTISCHE WEGE INS VERTRAUEN

Bevor Sie mit diesem Kapitel anfangen, vergessen Sie am besten alles, was Sie bisher gelernt und gespeichert haben. Gewöhnliches Wissen nützt Ihnen so gut wie nichts. »Warum?«, werden Sie fragen. »Ich bin doch so lange in der Schule, Berufsausbildung oder beim Studium gewesen, habe einen anständigen Beruf und bin ein geschätzter Mitarbeiter in meiner Firma – gerade wegen meines immensen Wissens.«

Ja, dieses Wissen hat auf der Erde eine große Bedeutung. Gepaart mit Fleiß, Logik und Cleverness, können Sie fast alle Stufen der beruflichen Laufbahn erklimmen und ein toller Technokrat werden. Sie bewältigen damit Ihr tägliches Leben und erleben, wie Sie die Natur mit Technik und abstrakten Begriffen bezwingen können. Ohne Wissen stünden wir alle bedeppert da. Stimmt ganz genau! Aber der Nutzen dieses Wissens ist an die Materie gebunden. Sobald keine Materie zum Bezwingen da ist, hat es keine Relevanz mehr. **Dieses Wissen ist an Ihren Intellekt und an die unbeständigen Dinge gebunden und verliert nach dem Tod absolut seine Bedeutung.** Das normale »Wikipedia-Wissen« stellt die unterste Stufe Ihrer geistigen Fähigkeiten dar. Diese Stufe hat nach dem Tod ohne Materie keinen Bestand – sie ist einfach weg. Nach dem Tod haben die Fähigkeiten der Imagination, Inspiration und Intuition das Sagen. Das sind die Fähigkeiten, die an die geistigen Organe gekoppelt sind. Sie benutzen diese Fähigkeiten mit Sicherheit, davon bin ich überzeugt. Aber wussten Sie, dass diese ebenso geschult werden können, so wie Ihr Intellekt bisher getrimmt wurde? **Imagination** entspricht dem Bilderdenken. Über den Inhalt eines Bildes, das Sie nur im Bruchteil einer Sekunde imaginieren, können Sie einen ganzen Roman schreiben. **Inspiration** ist die Eingebung von komplexen Informationen, die Sie in diesem Umfang mit dem Intellekt niemals verarbeiten könnten; es fehlt exakt ein wichtiges Detail zur Lösung des Problems. Durch die Inspiration kommen Sie plötzlich auf eine Idee, die Kombination von Schaltern so zu bedienen, wie es noch nie jemand zuvor gemacht hat. **Intuition** dagegen ist, Geistiges mit Ihrem Geist zu erkennen. Sie bekommen eine Gewissheit und Sicherheit in Bezug auf Zusammenhänge, die logisch nicht mehr erklärbar sind.

Falls Sie mit den geistigen Sinneswahrnehmungen schon vertraut sind, kommen Sie leichter in Kontakt mit der Welt jenseits der gewöhnlichen Sinne. Falls nicht, möchte ich Ihnen das bereits erwähnte Buch »Wie erlangt man Erkenntnisse der höheren Welten?« von Rudolf Steiner ans Herz legen – ein tiefgründiges Schulungsbuch für Ihr ganzes spirituelles Leben.

Ich frage Sie: Was möchten Sie am liebsten mit einem Menschen tun, den Sie lieben? Oder mit einem Tier, einer Pflanze, einem Mineral, was würden Sie am liebsten mit ihnen machen? Möchten Sie diese nicht in den Arm nehmen, ganz fest und doch zärtlich an sich drücken? Oder zumindest so oft als möglich anschauen? Oder sagen Sie: »Geh weg, ich liebe dich, aber ich mag dich nicht anfassen, nicht sehen und nicht hören!« – und schließen die Augen, wenn sie vor Ihnen stehen? Sicherlich nicht. Sie wollen den geliebten Menschen, das geliebte Tier streicheln, liebkosen, mit Ihren Augen verschlingen, am liebsten »auffressen«. Oder den ganzen Tag am Handy hören. Was glauben Sie, warum schüchterne junge Damen plötzlich vom Fahrrad steigen, die Hand ans Ohr legen, lautstark und gestikulierend sich mit ihrem Liebsten auf einer belebten Einkaufsstraße unterhalten? Wir Menschen sind normalerweise ganz von den Sinnesorganen geprägt und wollen mit allen Sinnen das Leben genießen und Erfahrungen sammeln.

Haben Sie schon einmal darüber nachgedacht, wie Sie und was Sie mit den Sinnesorganen Ihres Körpers wahrnehmen können? Sie wissen mittlerweile, dass Ihre Sinne nur fünf Prozent der Realität sehen und vielleicht auch nur fünf Prozent ertasten oder hören können. Warum sollte es mit dem Tasten besser bestellt sein als mit dem Sehen? Und dennoch haben wir wunderbare Gefühle, wenn wir einen geliebten Menschen in den Arm nehmen. Auch spüren wir etwas Großartiges beim Anblick eines Sonnenuntergangs. Und das, obwohl die Materie nur zu einem milliardstel Teil aus Masse und der Rest, das sind 99,99999999%!, aus »Vakuum« besteht. Dieses Forschungsergebnis brachte 1982 Carlo Rubbia den Nobelpreis.

Das mag nun nicht unbedingt bedeuten, dass Wahrheit belohnt wird. Sie kennen ja mittlerweile die Werte des »LeboN-Preises« aus meinem Exkurs zu den Schattenforschern. Aber eines ist sicher: Materie besteht nicht aus Materie. Materie besteht aus den Schwingungsinformationen der kosmischen Sphärenklänge des Schöpferworts. Und dennoch sehnen wir uns danach, mit der »Blindheit« unserer Sinne die Schwingungen des Geliebten mit Augen, Ohren, Händen oder Hautkontakt wahrzunehmen oder auch zu riechen. Warum gibt es wohl so viele Duftwässerchen in den Handtaschen der Damen? Einen Menschen, den man liebt, den mag man auch riechen. Und Sie sind vollkommen glücklich, die Berührung des anderen körperlich zu erleben. Sie gehen geradewegs auf Entzug, wenn Sie plötzlich einen lieb gewonnenen Menschen oder ein Tier nicht mehr knuddeln dürfen. Für ein Kind kann das auch ein Teddybär, ein Hamster oder ein Schmusetuch sein; für den Erwachsenen ein Säugling, ein Kind oder der Partner. Viele Menschen lieben und streicheln gerne ihre Pflanzen. Sie erkennen den Grund dieser Verhaltensweisen: Lieb gewonnene »Ankerplätze« möchte man behalten, hätscheln und häufig anfassen. Natürlich ist ein Mensch oder Tier mehr als nur ein Ankerplatz. Aber das, was uns im Leben eine Sicherheit gibt, sind die gewohnten Beziehungen und Berührungen mit anderen geliebten Menschen, Tieren oder Gegenständen und Ereignissen. Die handfesten Berührungen benötigen alle Menschen, die Kinder zum Gedeihen, die Erwachsenen zum Wohlfühlen. Alle brauchen die Berührung für die Gefühle von Glück und Liebe.

Doch halt, ist da nicht noch etwas anderes im Spiel? Gibt es nicht auch Berührungen auf der seelischen und geistigen Ebene des Körpers, die nicht an die Sinnesorgane gebunden sind? Gibt es nicht Berührungen des Herzens?

Kennen Sie solche Berührungen? Können Sie diese wahrnehmen? Waren Sie schon einmal verliebt, ich meine so ganz stark in einen anderen Menschen »verknallt«? So, dass Sie fast nicht mehr Herr Ihrer Sinne waren, wenn der/die Geliebte Sie in die Arme genommen hat? Wenn Sie nicht mehr Herr Ihrer Sinne sind, wer ist dann der Herr? Dann ist der Herr Ihr inneres Herzensgefühl, das über den Sinneswahrnehmungen liegt. Können Sie dieses Gefühl sehen, messen oder gar wiegen? Haben Sie schon einmal ein Pfund Liebesgefühl gewogen? Sie lächeln ob dieser Frage. Natürlich gibt es kein Messinstrument für Gefühle – außer Ihrer Seele selbst. Die misst in Liebeseinheiten und nicht in Pfunden.

Haben Sie schon einmal die Empfindung des höchsten Glücks erlebt? Waren Sie absolut glücklich – ohne Wenn und Aber? Ich meine nicht das Gefühl von Liebe, sondern das innere Einssein mit der Schöpfung. Das erreichen Sie im Zustand des reinen Bewusstseins unter tiefer Meditation. Solche Gefühle der Liebe, dieses Bewusstsein des Glücks, können Sie auch spüren, wenn Sie sich mit Ihren Liebsten, den Verstorbenen auf der »anderen Seite« des Lebens, jenseits physischer Wahrnehmung verbinden.

Mit einer solchen Verbindung können Sie auch die Gefühle der Einsamkeit, des Verlassenseins, der Trostlosigkeit und der Trauer überwinden. Dadurch erleichtern Sie den Geistseelen auf der »anderen Seite« ihren Weg in die geistige Welt. Sie nehmen die Seelenschmerzen ihrer Erdenseele wahr und könnten Ihnen sagen: Sei nicht traurig – mir geht es doch gut! Aber als »blinder Höhlenbewohner« verharren Sie in Ihrer Pein und sind untröstlich über den Weggang des geliebten

Menschen. Diese Untröstlichkeit wird umso stärker, je mehr wir in der Sinneswelt unserer Wahrnehmungsorgane stecken. Sobald wir erkennen, dass unser Körper nur das Instrument unseres Geistes und unserer Seele ist, können wir uns bewusst von ihm lösen und mit unseren geistigen Wahrnehmungsorganen die Welt außerhalb der platonischen Höhle betrachten. Diese Welt ist von Licht und hellem Bewusstsein durchflutet. Dies wird bei Nahtoderlebnissen als das Licht am Ende eines Tunnels geschildert.

In diesem Lichte leben die Toten nach dem Leben. Ihr Bewusstsein wird wieder heller als das Bewusstsein auf der Erde; sie treffen sich mit ihren Vorfahren und Freunden aus diesem oder früheren Leben zum gemütlichen, liebevollen Gedankenplausch. Sie sind harmonisch in ihrem lichtvollen Bewusstsein und sehnen sich nach Gedanken der Liebe und Hingabe ihrer Angehörigen und geliebten Menschen. Gedanken der Liebe sind für sie die schönsten Wohltaten und beste Geistnahrung von den Lebenden. Natürlich entwickelt sich die Geistseele durch Reifung der ungelösten Emotionen in diesem Leben nach dem Tod weiter. Dabei kommt es neben liebevollem Gedankenplausch auch zu seelischen Reifungskrisen, die gewisse Seelenqualen auslösen und Lebenskrisen nach dem Leben sind. In solchen Krisenzuständen sind die lieben Gedanken der Zurückgebliebenen ersehnte irdische Geistnahrung.

Sie selbst können durch Übung solche Geistnahrung aus Gedanken der Liebe regelrecht produzieren. Ich beschreibe Ihnen jetzt einige Übungen, die Sie sofort umsetzen können.

Foto-Übung

Nehmen Sie sich für den Anfang ungefähr eine Stunde Zeit. Später reichen fünf bis zehn Minuten. Suchen Sie sich einen ungestörten und ruhigen Ort in Ihrem Haus, im Garten oder auch auf dem Friedhof, an dem Sie sich am wohlsten fühlen, ungestört sind und am besten abschalten können.

Zünden Sie eine Kerze an und stellen Sie ein Bild Ihres geliebten Menschen dazu. Sie können natürlich auch ein Bild aus Ihrem Gedächtnis visualisieren. Wichtig ist nur, dass Sie einen lebendigen Eindruck von Ihrem oder Ihrer Liebsten aufkommen lassen.

Schauen Sie dieses Bild mit großer Achtsamkeit einige Minuten an. Registrieren Sie sorgfältig Ihre inneren Gefühle und Gedanken, die dabei hochkommen. Sollten Sie sich von der Gefühlsstarre, der Leere, dem Verlustsyndrom oder dem Schock der ersten Tage langsam gelöst haben, werden Sie erkennen, dass eine Flut, ein regelrechter Schwall von Informationen aus Ihrem Inneren, aus Ihrem Geist und aus Ihrer Seele auftaucht. Das können negative Gefühle des Verlusts, der Trauer, des Vorwurfs ob des plötzlichen Verschwindens, der Wut des Allein-zurückbleiben-Müssens, der Aggression aus seelischen Verletzungen, der Enttäuschung, des gebrochenen Herzens und so weiter sein. Das können aber auch positive Gefühle der Liebe, der Nähe, des Streichelns, des In-den-Arm-Nehmens, des Knuddelns, der zärtlichen Berührung, der Lust, des Miteinander-Flüsterns und Liebkosens sein. Es können auch Gedanken der innigsten Verbindung mit dem geistigen Wesen des geliebten

Menschen – oder nun der brutalen Trennung mit scheinbar unüberbrückbarer Entfernung – sein.

Beobachten Sie alle diese Gedanken und Gefühle und lassen Sie ihnen den Raum, den sie einnehmen. Beurteilen oder verurteilen Sie keines von den Gefühlen. Haben Sie kein schlechtes Gewissen, wenn negative Impulse hochkommen. Schauen Sie diese in aller Ruhe an – wie ein außenstehender Beobachter.

Machen Sie diese Übung zum ersten Mal, lassen Sie sich viel Zeit und hetzen Sie nicht innerlich schon zur Arbeit oder auf die Autobahn. Je mehr Sie sich Zeit nehmen, umso heiler wird Ihre Seele. Lassen Sie die Trauer zu, verlieren Sie sich aber nicht darin. Und fangen Sie nicht an, sich selbst zu bemitleiden. Sonst drehen Sie sich im Kreis von Verlust, Selbstmitleid, Verlassensein, Unglücklichsein, Trostlosigkeit, abgrundtiefer Leere, Traurigkeit, Depression, Verlust und Selbstmitleid ...

Falls Sie die Augen Ihres Angehörigen auf dem Bild sehen können, schauen Sie tief in sie hinein. Versuchen Sie, über die Augen in die Seelengründe zu sehen. Stellen Sie sich auf den anderen ein. Gehen Sie in Resonanz mit dem Verstorbenen. Ungefähr so, wie Sie es auch machen würden, wenn Sie sich mit einem geliebten Menschen verbinden wollen, der mitten im Leben vor Ihnen steht. Fühlen Sie so, wie Sie Ihren geliebten Partner, Sohn, Tochter oder Enkel fühlen würden. Sanft und leise kommen Gedanken in Ihnen auf. Zuerst unbemerkt, dann wie zufällig kommen und gehen sie Ihnen durch den Kopf. Am Anfang sind es mehr Ahnungen, die sich immer weiter verdichten. Sie werden Zweifel haben, ob dies Wirklichkeit ist oder eine Illusion. Das können Sie anfangs wirklich sehr schwer unterscheiden. Diese Wahrnehmungen kommen von den inneren geistigen Organen. Diese können, solange sie noch nicht geübt sind, bloß schwache Gefühle erzeugen. Es kann auch sein, dass Sie nicht genügend Informationen von der Seele und dem Geist des geliebten Menschen bewusst empfangen können. Aber seien Sie geduldig, lesen und schreiben haben Sie in der Schule auch nicht am ersten Tag gelernt. So kann es auch mit dem Betrachten der Augen auf dem Foto sein. Geben Sie nicht auf, wenn es nicht gleich perfekt gelingt, machen Sie einfach weiter. Diese Übung können Sie täglich oder auch mehrmals täglich machen – so oft Sie wollen.

Falls es Sie übermannen sollte und Sie vielleicht anfangen zu weinen, dann sollten Sie eines wissen: Die Geistseele des geliebten Menschen fühlt mit Ihnen mit, ob traurig oder fröhlich, ob depressiv oder glücklich, obwohl es ihr in ihrer neuen »Lebenssituation« gar nicht danach sein muss. So ist das verstorbene Enkelchen vielleicht gerade beim Kaffeekränzchen bei der schon längst verstorbenen und ach so heiß geliebten Oma. Beide freuen sich riesig und liegen sich in ihren Geistarmen, als plötzlich so ein Trauerzug herbeigefahren kommt, der einfach nur zum Heulen ist. Die Oma, die das schon kennt, mag es vielleicht dadurch auffangen, dass sie sagt: »Ach, das kenn ich schon, meine Tochter zerrt seit meinem Tod an mir und lässt mich nicht los. Das ist immer eine schreckliche Tortur, bis das vorbei ist. Jeden Sonntag geht sie auf den Friedhof und jammert mir die Ohren voll. Jedes Mal versuche ich, sie zu trösten und ihr klarzumachen, dass es so nicht weitergeht – ich muss in ihrer Nähe verharren und kann nicht in die kosmische Sphärenwelt aufsteigen, während sie selbst immer weniger wird und weiter herunterkommt. Sie ist nur noch ein Strich in der Erdenlandschaft. Sie wird das erst verstehen, wenn sie ihr Leben in Trauer verschleudert hat und von der anderen Seite sehen wird, wie kostbar und wunderbar dieses Leben in einem physischen Körper wirklich ist. Es ist ein Geschenk der Götter. Ein unglaubliches Geschenk – und sie wirft es wegen sinnloser Trauer weg. Nur weil sie nicht weiß, wie der Laden hier läuft.« So belehrt die Oma ihr soeben angereistes innig geliebtes Enkelchen in kosmischen Gesetzen. »Uns geht es doch gut, nicht wahr?«, könnte die Oma dann ihr Enkelchen fragen. »Natürlich Oma«, sagt das Enkelchen. »Wenn die nur wüssten, wie gemütlich es hier bei uns ist.«

Also bitte nicht jedes Mal einen Trauermarsch aus Selbstmitleid blasen, sondern darüber nachdenken, was dem Verstorbenen gut tun könnte. Was würde er in diesem Augenblick wohl gerne machen? Sie könnten sein Lieblingsbuch lesen, seine Lieblings-CD hören oder seine Lieblingsbilder anschauen und sich so verhalten, als ob der/die Verstorbene mit vollem Genuss dabeisitzen würde. Was er in Wirklichkeit auch macht. Wenn Sie so an ihn denken oder laut reden, ist er stets da und nimmt alles wahr. Natürlich nicht mit den physischen Sinnesorganen. Diese sind ja an den physischen Körper gebunden. Sehen bedeutet für den Verstorbenen, die geistige Wirklichkeit zu schauen, die hinter dem sichtbaren Objekt steht. In der geistigen Welt ist die Sicht klarer, farbiger und umfassender. Deshalb sind liebevolle Gedanken und Gefühle farbenprächtige Gebilde für die Geistseele, die bei ihr ein

Wohlbehagen wie bei einem gestillten Säugling hervorrufen können. Ich persönlich empfehle meinen Patienten immer, die »köstlichste« Nahrung aus dem Johannes-Evangelium vorzulesen, da es die höchsten geistigen Informationen in sich trägt.

Die Foto- oder Visualisationsübung können Sie auch nach einer schmerzhaften Trennung machen, die Sie nur schweren Herzens überwinden können. Nehmen Sie in Gedanken Ihren ehemaligen Partner liebevoll in den Arm und sagen Sie ihm Danke für die wertvollen Lektionen an Erfahrung, die Sie mit ihm lernen durften. Vergessen Sie nicht, dass Sie sich beide in voller Liebe und Vorausschau zu diesem Meeting schon zuvor auf der Sonnensphäre verabredet hatten. Sie wollten sich zu dieser karmischen Erfahrungsbegegnung für Ihre individuelle Evolution im Erdenleben treffen. Sie haben sich nicht verfehlt, auch wenn die Begegnung voll freudiger Liebe und voll heftigem Schmerz war. Das Prinzip der Resonanz hat Sie wieder zusammengeführt. Leidvolle Begegnungen sind die Beschleuniger der inneren Entwicklung. Liebevolle, intensive Begegnungen sind eine Erweiterung Ihres »Universums« durch den Austausch wertvoller Erfahrungen mit dem anderen »Universum«. Ein vertrauensvolles Zusammentreffen zweier Menschenseelen ist immer ein wertvolles kosmisches Ereignis, aus dem viele weitere Folgeereignisse entstehen.

Ereignis-Übung

Dies ist eine Erweiterung der Foto-Übung. Nehmen Sie ein Foto, auf dem der Verstorbene in einer Aktion zu sehen ist. Er könnte spazieren gehen, Fahrrad fahren oder Ball spielen. Das Bild kann aus Papier sein oder Ihnen nur virtuell auf dem Handy, Ihrem Computer oder dem iPod vorliegen. Am leichtesten gelingt diese Übung, wenn Sie das Foto selbst in dieser Situation geschossen haben. Versuchen Sie, sich an diese gemeinsame Szene lebhaft und mit allen Einzelheiten zu erinnern. Lassen Sie all Ihre Gefühle, die Sie damals empfanden, wieder hochkommen, egal ob freundlich oder ärgerlich. Hauptsache, es sind ganz viele und ganz starke Gefühle.

Denken Sie dabei intensiv an die/den Verstorbene/n. Sie wissen: Gefühle können in der geistigen Welt intensiv von der Geistseele mitempfunden werden, im Gegensatz zu abstraktem, logischem Denken. Je mehr Sie an freudigen Gefühlen erzeugen können, umso größer die Freude auf der anderen Seite.

Sie können es bei diesem einen Ereignis bewenden lassen oder mehrere Ereignisse aneinanderreihen. Oder auch viele Ereignisse wie in einem Film ablaufen lassen, den Sie mit einer Menge guter Gefühlen anschauen. Machen Sie dies nach Belieben. Sie können sich durch gemeinsame Erlebnisse intensiv und schnell mit der Geistseele verbinden.

Gefühls-Übung

Stellen Sie sich eine Situation vor, die Sie mit dem geliebten Menschen erlebt haben. Führen Sie sich diesen Moment so plastisch wie nur möglich vor Augen. Versuchen Sie zu spüren, was Sie seelisch in dieser Situation empfunden haben. Wie groß war Ihre Freude, wie lustig, wie heiter war die

Stimmung, wie haben Sie miteinander gelacht, wie haben Sie sich in diesem Moment gefühlt, wie nahe waren Ihre Herzen, wie erfüllt war Ihre Seele, wie lieb hatten Sie sich?

Sie können alle Gefühle, an die Sie sich erinnern, auftauchen lassen und intensiv darin schwelgen. Diese Gefühle kann die Geistseele sehr gut mitfühlen. Deren Gefühlserinnerungen im Ich-Bewusstsein werden geweckt, was ihr riesige Freude bereitet. Das ist das reinste Labsal für die Verstorbenen.

Sie können solche Gefühlserinnerungen in kürzester Zeit in allen Situationen – auf einer Parkbank, in der Straßenbahn, im Kaffee oder Theater, beim Einkaufen, natürlich auch auf dem Friedhof – machen. Zeit und Ort spielen dafür keine Rolle, die Intensität der Gefühle dagegen sehr.

Sinnes-Übung

Haben Sie gerne zusammmen mit dem geliebten Menschen, der gegangen ist, ein gutes Essen geliebt? Dann essen Sie einfach weiter mit ihm. Erzählen Sie, was Sie gerade essen, wie lecker es schmeckt, wie schön es zubereitet ist. Sagen Sie ihm, wie gut es riecht und wie es sich anfühlt und knackt, wenn Sie in einen Apfel, eine Birne, eine saure Gurke oder eine Kirsche beißen. Es kommt nicht auf das Essen an, sondern auf das Gefühl, das Sie dabei haben. Ohne Körper kann der Verstorbene die Sinnesgenüsse nicht mehr wahrnehmen, er hat aber noch die Erinnerung daran. Für manchen Genussmenschen kann fehlender Genuss eine große Pein darstellen. Für die Seelen allerdings, für die der Genuss ein Mittel zur Freude war, ist es ein wunderbares Gefühl, sich in aller Gemütsruhe mit den Zurückgebliebenen beim Essen wieder freuen zu dürfen.

Es gibt noch einen anderen Aspekt des Schmeckens, Riechens und Tastens. Wenn Sie dem geliebten Menschen sehr nahe standen, so wissen Sie noch, wie er sich anfühlte, wie seine Haut, sein Parfüm oder Rasierwasser roch und wie er beim Liebkosen schmeckte. Diese Erinnerung können Sie auffrischen und die Geistseele Ihre Gefühle der Liebe, Lust und Laune mitfühlen lassen. Das sind wunderbare intime Gefühlserinnerungen für den Toten, wenn Sie so die liebvollen Bindungen über das Gefühlsbewusstsein aufrechterhalten.

Wunsch-Übung

Erinnern Sie sich noch an die Herzenswünsche und wichtigen Gedanken des geliebten Menschen? Dann holen Sie diese wieder aus der Erinnerung hervor. Eine Kombination von Gedanken und Wünschen nannte Daskalos, von dem ich Ihnen einige Male erzählte, Elementale. Dominiert der Gedanke, so ist es ein Elemental des Geistes. Dominiert der Wunsch, so ist es ein Elemental der Seele. Sie können nun spüren, welcher Art die Elementale des Verstorbenen waren, und sie innerlich in Gedanken voller Liebe und voller Freude erneut nachempfinden.

Fühlendes Denken ist die beste geistige Kommunikation mit den Verstorbenen. Denken Sie nur nicht abstrakt mit dem Intellekt. Der ist im Jenseits nicht mehr existent. Logik, Intellekt und abstrakte Begriffe sind mit dem physischen Gehirn verbunden und ein unverständliches Kauderwelsch in der geistigen Welt. Auch die Bedeutung der Sprache verliert sich mehr und mehr. Dagegen werden Gedanken mit Gefühlen sehr gut verstanden. Also lassen Sie die Sprache des Intellekts ganz schnell beiseite. Kinder haben von Natur aus noch eine starke Verbindung zu Opa oder Oma – obwohl sie vielleicht kurz nach ihrer Geburt verstorben sind. Sie können sich noch gut an die geistige Welt von Oma und Opa erinnern.

Talisman-Übung

Jeder Gegenstand speichert die Information eines Menschen, der ihn einmal berührt hat. In der Quantenphysik nennt man dieses Phänomen Quantenverschränkung. Das Gesetz gilt für den ganzen Kosmos. Das bedeutet, dass alle Elektronen, alle Atome, die seit Beginn der Schöpfung bestehen und im Moment der Schöpfung Kontakt miteinander hatten, für alle Ewigkeiten quantenverschränkt sind. Quantenphysiker sagen daher, dass alles mit allem verbunden ist. Der Apostel Paulus schreibt im Korintherbrief: »Alles ist in allem.« Durch dieses Phänomen ist alles, was der Verstorbene je berührt oder am Körper getragen hat, mit ihm für alle Zeiten verbunden oder quantenverschränkt.

So können sensible Menschen über Gegenstände, wie Schmuck, Kleidung, Kosmetik, Fotos und auch Bücher, die Gefühle und Gedanken aus dem Leben des Verstorbenen wahrnehmen. Diese Informationen bleiben für immer darin gespeichert. Es können sogar neue Informationen aus beliebiger Entfernung über einen Gegenstand wahrgenommen werden. Ein wertvolles Schmuckstück, das durch viele Hände ging, trägt in sich alle Informationen von jeder Hand und die Elementale eines jeden »Handbesitzers«. Sie können also jeden Gegenstand und besonders einen Talisman, der mit Information bewusst aufgeladen wurde, benutzen, um mit dem Verstorbenen intensiven geistigen Kontakt aufzunehmen. Erbstücke sind Informationsspeicher des Verstorbenen und mit ihm jederzeit kommunikationsfähig.

Bei Pflanzen und Tieren gilt das genauso. Auch sie tragen alle Informationen des Herrchens in sich und können zum gefühlsmäßigen Kontakt mit ihm benutzt werden.

Tragen Sie ein Erbstück mit Liebe, Verehrung und Ehrfurcht zu dem Verstorbenen, sind Sie mit ihm in ständigem Informationsaustausch positiv verbunden.

Der geistige Schulungsweg

Alle Menschen, auch Sie, besitzen die Fähigkeit, in die seelischen und geistigen Welten hineinzuschauen. Von dort sind wir alle gekommen. Ihre wichtigste Aufgabe im irdischen Leben ist, wieder bewusst den Weg des »verlorenen Sohnes« zurück zu Ihrem geistigen Ursprung zu finden. Dieser Weg ist mühsam und bedeutet, nicht nur materielle Reichtümer und Faktenwissen zu sammeln, sondern auch immaterielle Reichtümer zu erwerben, die hinter der Welt der Illusion stehen. Diese Reichtümer sind seelische und geistige Erkenntnisse.

Der Pfad der Erkenntnis wurde seit Urzeiten von den Menschen gesucht. Er führte zu Erkenntnissen tiefer Wahrheiten und Weisheiten. In den früheren Zeiten wurden die Weisheiten unter strengster Geheimhaltung in Mysterienstätten den »Eingeweihten« weitergegeben. Ungereiften Seelen sollte der Zugang verwehrt bleiben. Die Gefahr, das Wissen für das eigene Ego zu missbrauchen, war zu groß.

Die Menschheit hat jedoch einen großen Bewusstseinswandel in den letzten 100 Jahren durchgemacht, sodass es an der Zeit ist, allen Menschen, die sich auf die Suche machen, die Inhalte geistiger Weisheiten zur Verfügung zu stellen. Daher kann heute jeder Mensch, der auf der Suche ist, sich die geistigen Erkenntnisse so aneignen, wie er Lesen und Schreiben gelernt hat. Jeder Einzelne trägt die Verantwortung für den rechten Gebrauch. Nachdem wir wissen, dass die Welt so ist, wie wir sie sehen, und dass wir mit unserem Geist die Wirklichkeit erzeugen, sollte es das höchste Interesse eines jeden sein, sich mit seinem Bewusstsein eine harmonische und liebevolle Umgebung zu schaffen und nicht sein Ego zum schäbigen Nachteil für die anderen in den Vordergrund zu stellen, sondern ein besonderes Karma für die Wegzehrung zu erschaffen.

Jeder Missbrauch geistiger Kräfte kommt wieder zum Erzeuger zurück, häufig mit vielfacher Verstärkung. Diese Erkenntnis mahnt zum rechten Gebrauch des alten »Geheimwissens«. Dieses beinhaltet – wie Sie sich denken können – nicht das vordergründige, exoterische Wissen, das die Naturwissenschaften erforschen. Sondern das Wissen, das dahintersteht, das esoterische Wissen. Kennen Sie den Unterschied zwischen exoterischem und esoterischem Wissen? **Die Sammlung von exoterischen Forschungen ergibt Wissen, Wissen und nochmals Wissen. Die Sammlung von esoterischen Forschungen ergibt Wissen, Weisheit und Wahrheit.**

Seit die Menschen angefangen haben, das »Geheimwissen«, die überlieferten Wahrheiten und Weisheiten, aufzuzeichnen, gibt es Schriften wie das Tao Te King, die Bhagavad Gita, die Kabbala und die Bibel, um nur einige zu nennen.

Im letzten Jahrhundert war Rudolf Steiner einer der großen Weisheitslehrer, der die alten Wahrheiten und Weisheiten den Menschen wieder ins Bewusstsein bringen wollte. Er wies unermüdlich darauf hin, dass des Menschen höchste Fähigkeit ist, seinen Geist zum Denken und die Seele aktiv zum Fühlen zu benutzen – und zwar in Selbstständigkeit und Freiheit und nicht in der Matrix der Abhängigkeit, die von vielen Machtinstanzen, wie den etablierten Religionsinstitutionen, benutzt wird. Deren Schäfchen sollen schließlich mit dumpfem Bewusstsein bevormundet in den Stall gepfercht werden und auf keinen Fall selbst darüber entscheiden können, ob sie sich selbst schützen wollen oder ob der Wolf sie reißen soll. Dass solche Institutionen gegen Rudolf Steiner kämpfen müssen, ist eine logische Folge. Die Freiheit jedoch ist eines der wichtigsten Merkmale für alle wahrhaftigen Wege zur geistigen Erkenntnis. Sobald die Freiheit des Denkens in Gefahr ist, droht eine Abweichung in Ideologie und Abhängigkeit von Mächtigen. Die Selbstständigkeit und Freiheit des Denkens erfordern allerdings hohe moralische und ethische Einsichten, die das Wohl des anderen im Auge behalten, das eigene Wohl aber nicht vergessen sollen. Das ist die wahre Freiheit: wahrhaftig handeln aus Moral und Ethik. Dahinter stehen die Hinweise von Christus: »Liebe den anderen wie dich selbst« und »Die Wahrheit macht frei.«

Für das selbstständige kreative Denken haben Sie das unerschöpfliche Potenzial der Gedankenkraft des Vaters durch Christus geschenkt bekommen. Diese Gedankenkraft gibt Ihnen Ihr Ich-Bewusstsein und damit die Chance, dieses auch nach Ihrem physischen Tod bewusst lebendig zu halten. Sie können dadurch Ihre wahre Göttlichkeit von Inkarnation zu Inkarnation in Ihrem Bewusstsein tragen und weiterentwickeln. Somit bewahren Sie sich im Leben eine Kontinuität des Ich-Bewusstseins in der irdischen Welt wie auch in der geistigen Welt. Sie haben in jedem Bewusstseinszustand die absolute Gewissheit Ihrer Unsterblichkeit und Ihres Götterseins. Wieder ein Hinweis des Christus: »Ihr seid Götter!«

Zur Schulung dieses Bewusstseins gebe ich Ihnen einige Anregungen. Ausführlichere Angaben finden Sie bei Rudolf Steiner in seiner »Theosophie« und »Wie erlangt man Erkenntnisse der höheren Welten?«, woraus die folgenden Zitate stammen. Eine kleine Auswahl seiner umfangreichen Schriften finden Sie im Literaturverzeichnis.

Die folgenden **grundlegenden Empfehlungen** sprechen die Herzenskräfte an – und nicht den Intellekt. Es sind Übungen des Empfindens und des Fühlens. Für einen wissenschaftlichen, intellektuell gebildeten Verstandesmenschen sicherlich ein Graus, für den geisteswissenschaftlich intuitiv geschulten Herzensmenschen eine wahre Freude.

Die Liebe zur Wahrheit und Erkenntnis, verbunden mit höchster Wertschätzung des Wissens und der Weisheit

Die Erkenntnis um der Erkenntnis willen als persönlichen Wissensschatz anzuhäufen ist sinnloser Egoismus. Das Wissen ist dafür da, um es der Welt zur Verfügung zu stellen. Erkenntnisse, die mit Liebe und Wertschätzung der Materie und des Geistes als exoterisches Wissen und als esoterische Weisheit der Menschheit zur Verfügung gestellt werden, verändern die Welt. Erkenntnisse, die mit Liebe und Begeisterung für die anderen gegeben und in die Tat umgesetzt werden, stärken die Lebenskräfte. Dagegen können Erkenntnisse, die nicht mit Begeisterung angewandt und weitergegeben werden, die Lebenskräfte schwächen.

Schulung eines reichen Innenlebens

So wie wir die Außenwelt von innen ansehen, so ist sie: »Die Außenwelt ist in all ihren Erscheinungen erfüllt von göttlicher Herrlichkeit; aber man muss das Göttliche erst in seiner Seele selbst erlebt haben, wenn man es in seiner Umgebung finden will.« Das Innenleben ist das Tor zur Erkenntnis der Außenwelt.

Innere beschauliche Ruhe mit Tagesrückschau

Gönnen Sie sich jeden Abend mindestens fünf bis zehn Minuten Ruhe. Setzen Sie sich bequem auf einen Stuhl oder in einen Sessel, bitte nicht hinlegen, sonst besteht die Gefahr des Einschlafens. Klinken Sie sich bewusst aus dem Tagesgeschehen aus. Gehen Sie Ihre Tagesereignisse nochmals durch. Geübte können das rückwärts machen, Anfänger im zeitlichen Verlauf. Lernen Sie, im Rückblick das Wesentliche vom Unwesentlichen zu unterscheiden. Daskalos sagte immer: »Es lohnt sich nicht, sich über das Unwesentliche aufzuregen, aber es gibt im Leben nichts Wesentliches.« Schauen Sie sich die gelungenen und die misslungenen Situationen an und nehmen Sie sich vor, es am darauffolgenden Tag besser zu machen.

Meditation

Meditation ist der Weg, um in die geistige Welt hineinzukommen. Sie sollte kein Schwelgen in Gefühlsbädern sein, sondern klare und bewusste Gedanken von hohem geistigem Inhalt ergeben, wie sie von fortgeschrittenen Wahrheitsforschern mit Geisterkenntnis aufgeschrieben wurden. Stoffe dafür finden sich in der mystischen, gnostischen und geisteswissenschaftlichen Literatur.

Achtsamkeit

Betrachten Sie mit hoher Achtsamkeit die wachsende und gedeihende Pflanzenwelt und umgekehrt ihre welkenden und absterbenden Prozesse. Das sollten Sie ohne intellektuelles Nachdenken darüber, was das Einzelne bedeutet, machen. Beobachten Sie haarscharf und mit wachen Sinnen die Phänomene und überlassen Sie sich ganz Ihren Gefühlen. Ziel ist es, durch die Oberfläche hindurch in die Tiefe, in die Geheimnisse zu schauen. Mit der Achtsamkeit lernen Sie, sich in die Erscheinungen der Schöpfung hineinzuversetzen, um zu erkennen, dass Gefühle und Gedanken Wirklichkeiten sind. Sie wissen ja von der Bewusstseinsphysik bereits, dass Ihre Gedanken Wirklichkeit erschaffen und Ihre rosa Brille, Ihre Matrixmuster, dieser Wirklichkeit ihre eigene, individuelle Realität verleihen. Sie erzeugen immer selbst das, was Sie mit dem Brustton der Überzeugung als »So und nicht anders!«

deklarieren: Das ist meine objektive Realität! Dadurch kann für Sie das Glas Wasser halb voll und für den anderen halb leer sein.

Kontrolle der Gedanken und Gefühle

Während Sie fleißig die angegebenen Übungen machen, könnten Sie auf eine Geduldsprobe gestellt werden. Die Entwicklung der Fähigkeiten Ihrer geistigen Seh- und Hörorgane bedarf manchmal eines längeren Zeitraumes. Daher ist es sehr wichtig, dass Sie sich mit Beharrlichkeit und Zielstrebigkeit von dem eingeschlagenen Weg nicht abbringen lassen.

Die Übung der Gedanken- und Gefühlskontrolle besteht darin, sich intensiv das Samenkorn eines Baumes vorzustellen. Sie visualisieren, wie aus diesem Samenkorn der Baum heranwächst. Wenn Sie das nicht gleich können, macht das nichts. Schauen Sie sich heranwachsende Bäume dieser Art in allen Wachstumsstadien an oder suchen Sie im Internet nach entsprechenden Bildern.

Haben Sie es geschafft, sich den Baum absolut real zu vergegenwärtigen, dann werden Sie merken, dass aus dem Samenkorn zwar Ihre innere Vision wächst, diese aber keine äußere Realität hat. Das heißt: In Ihrer Vorstellung ist zwar ein naturgetreuer Baum entstanden, aber aus dem Samenkorn ist kein realer Baum gewachsen. Vor Ihren Augen scheinen beide gleich. Daher muss in dem Samenkorn zusätzlich eine Kraft verborgen sein, die für Sie unsichtbar ist. Nun richten Sie mit aller Intensität Ihre Gefühle und Gedanken auf dieses Unsichtbare. Nach einiger Zeit, manchmal nach vielen Versuchen, können Sie eine Kraft in sich erspüren, die eine neue Sichtweise und Erfahrung für Sie erschließt. Sie können sogar eine kleine Lichtwolke um das Samenkorn wahrnehmen, die wie eine geistige Flamme imponiert. Sie können auch an dem gewachsenen Baum eine Lichtwolke mit Farben erkennen.

Üben Sie weiter mit Ihren Gedanken und Gefühlen, so werden Sie überall in der Natur zuvor unsichtbare, aber für Sie jetzt sichtbare Lichtprozesse sehen. Diese sind im Baum wie in dem Samenkorn die Kraft der geistigen Wesenheiten.

Dadurch enthüllt sich die Formbildung nicht nur im Augenblick des Seins, sondern auch für die Zukunft im Werden und Vergehen. So können Sie allmählich auch hinter das Geheimnis von Geburt und Tod kommen. Ihre physischen Sinnesorgane können den Menschen im Moment des Werdens und im Moment des Todes sehen. Aber: Die geistigen Sinnesorgane sehen dann den ganzen Transformationsprozess. Der Geist erkennt Geburt und Tod nur als eine Verwandlung – so wie das Sprießen eines Samenkorns und das Absterben eines Baumes eine Verwandlung der unsichtbaren geistigen Kraft ist.

Ich möchte Sie noch darauf hinweisen, dass das bloße Vorstellen nicht eine Willkür des Intellekts sein sollte, sondern dass die eigenen Gefühle und Gedanken der Seele die Verwandlung der geistigen Wahrheit hervorzaubern. Dazu sagte Rudolf Steiner: »Aus den Tiefen meiner eigenen Seele muss die Wahrheit hervorquellen; aber nicht mein gewöhnliches Ich darf selbst der Zauberer sein, der die Wahrheit hervorlocken will, sondern die Wesen müssen diese Zauberer sein, deren geistige Wahrheit ich schauen will.« Wenn Sie die Aussage

Steiners kennen, dass hinter allem Physischen ein Geistiges ist, verstehen Sie, was mit »Wesen« gemeint ist: geistige Kräfte, die hinter den Erscheinungen der Natur für Ihre menschlichen Sinnesorgane die Sichtbarkeit »hervorzaubern«.

Machen Sie mit Ihrer Gedanken- und Gefühlskontrolle sorgfältig die geschilderten Übungen, so sollten Sie dazu noch vier wichtige Regeln der Geistesschulung kennen:

1. Für einen Schritt in der Erkenntnis geheimer Wahrheiten sollten Sie drei Schritte in der Vervollkommnung Ihres Charakters zum Guten machen.

2. Bilden Sie die Tugenden Mut und Furchtlosigkeit systematisch aus. Bewahren Sie Ruhe und Gelassenheit, stärken Sie das Vertrauen in die guten Mächte des Daseins.

3. Leben Sie mit Offenheit erwartungsvoll im Jetzt der Zukunft entgegen und lassen Sie sich nicht durch die Erfahrungen der Vergangenheit in irgendeiner Weise in Ihrem Verhalten stören. Leben Sie jetzt die Hoffnung auf morgen.

4. Sehen Sie die Unversehrtheit und den Selbstwert eines Menschen als etwas Heiliges und Unantastbares an. Sie sollten ihnen die höchste Priorität – auch in Ihren Gedanken und in Ihren Gefühlen – beimessen.

Bei allen diesen Übungen hängt der Erfolg laut Steiner davon ab, »dass man energisch, mit innerer Wahrheit und rückhaltloser Aufrichtigkeit sich selbst, mit allen seinen Handlungen und Taten, als ein völlig Fremder gegenüberstehen kann«. Lieben Sie die innere Wahrheit und setzen Sie diese in die Tat um. Dann sind Sie wahrhaftig.

Lieben Sie die Wahrheit

Die Wahrheit macht frei
Lieben Sie die Freiheit
Erzeugen Sie Kreativität
mit Ihrem göttlich-schöpferischen Geist

Leben Sie die Wahrhaftigkeit

Die Wahrhaftigkeit macht frei
Leben Sie die Freiheit
Erzeugen Sie Liebe und Sein
mit Ihrer göttlich-schöpferischen Gedankenkraft

EPILOG

Es gibt keinen Tod – Wir sind unsterblich

*Auf den Schwingen unserer Liebe
schweben meine Gedanken im Bewusstsein
unserer Erfahrungen in verklärender Erinnerung
zeitlos, raumlos ohne Tag und ohne Nacht
in meinem Selbst, außerhalb meines Selbst verwoben
in das grenzenlose Meer deines unsterblichen Seins*

*Deine Nähe ist berührender und inniger als je zuvor
dein Denken, dein Fühlen erspüre ich stets in mir
deine Gedanken voller Liebe stillen meine Sehnsucht
deine Ideen kreativer Begeisterung beflügeln mich
dein Ich-Bewusstsein vereint sich mit meinem
Ich-Bewusstsein
raumzeitlos im grenzenlosen Meer unseres
unsterblichen Seins*

Liebevoll und dankbar begleiten meine
Gedankenströme dich tröstend
die vermeintliche Trennung unseres Erdenseins
meine Seele umhüllt in bedingungsloser Liebe deine Seele
begleitend deinen Seelenweg
im hellen Schein des göttlichen Lichts
mein geistig' Sehen erkennt in deinem leuchtenden
Geiste die Ewigkeit und Unsterblichkeit unseres Seins

Du bist geschaffen nach göttlichem Ebenbilde
aus den kosmischen Sphärenklängen des schaffenden
Geistes
dein Leben und Ich-Bewusstsein sind das Geschenk
des Christus
Zu seinem Licht, Leben und seiner Liebe geht dein Sehnen:
Sein Wesenslicht aus dem Urgrund des Vaters verklärt
dein Wesen
in Ewigkeit und Unsterblichkeit deines göttlichen Seins

Frei sind Geist und Seele all materieller Bindung
gleich einem Schmetterling aus irdischem Kokon
strebst du raumzeitlos dem unsichtbaren Lichte zu
steigst engelsgleich den Himmel auf und nieder, wissend:

Es gibt keinen Tod – wir sind unsterblich
in Ewigkeit und Einheit unseres Götter-Seins

DANKSAGUNG

Ich danke allen meinen Patienten, die ich in unzähligen Gesprächen begleiten durfte. Als Geschenk gaben sie mir ihre Seelenweisheiten und ließen mich an ihren Erfahrungen und Erlebnissen teilhaben. Niemals in meinem derzeitigen begrenzten Leben hätte ich alle ihre Ereignisse jemals selbst erleben, geschweige denn aushalten oder gar überleben können.

Viele von ihnen begleiten mich seit Jahren mit liebevollen Gedanken und Gebeten, die ich als eine große innere Kraft wahrnehme und schätze. Sie unterstützen mich, in meiner kreativen spirituellen Medizin dabei, in jedem seinen individuellen Lichtfunken zu entfachen. Ihre Gedanken und Intentionen gaben mir auch die Kraft und den Mut, dieses Buch zu schreiben. Ebenso gaben sie mir in schwerer Zeit die Stärke, mit innerer Ruhe und Gelassenheit weiter für sie da zu sein. Mit meinen eigenen Erfahrungen möchte ich ihnen nun Mut machen und Zuversicht geben, um in schicksalhaften Stunden niemals den Glauben und die Hoffnung an die Weisheit des Karmas zu verlieren.

Rudolf Steiners Geisteswissenschaft gibt seit dem Beginn des 20. Jahrhundert der Bewusstseinsentwicklung entscheidende Impulse, die sich weiter verstärken. Seine Geisteswissenschaft hat mich seit 35 Jahren inspiriert.

Mein besonderer Dank gilt Pietro Archiati, der mit Wahrhaftigkeit diese Geisteswissenschaft voranbringt, sowie meinen Kindern und meinen Freunden, die durch die Evolution ihres Bewusstseins mit mir erkannten, dass in der Welt der Materie die stete Verwandlung der Grund für den Fortschritt ist. Sie haben erfahren, dass das einzig Beständige der Welt das unsterbliche Bewusstsein ihres Geistes ist.

Mein Dank gilt ferner dem Verleger Christian Strasser, der den Impuls zu diesem Buch gab und mich bei dessen Realisierung unterstützte. Martin Häusler und dem Team des Trinity Verlags danke ich für ihre tatkräftige Hilfe.

Dr. med. Lothar Hollerbach

QUELLENVERZEICHNIS

Aivanhov, O. M.: Der Tod und das Leben im Jenseits, Rottweil 2009

Baan, B.: Christliche Meditation, Stuttgart 2008

Bardon, F.: Der Schlüssel zur wahren Kabbalah, Wuppertal 2002

ders.: Der Weg zum wahren Adepten, Wuppertal 2001

Bock, E.: Das Evangelium, Stuttgart 2009

Bock, E.: Das Neue Testament, Stuttgart 1994

Braden, G.: Im Einklang mit der göttlichen Matrix, Burgrain 2010

Conforto, G.: Das Organische Universum, Potsdam 2006

Dahlke R.: Von der großen Verwandlung, Amerang 2011

Heisenberg, W.: Physik und Philosophie, Stuttgart 2000

Martin, W.: Der Weg der Weisheit, Hamburg 2009

Meyl, K.: DNA- und Zellfunktion, Villingen-Schwenningen 2010

Moody, R. A.: Das Licht von drüben, Hamburg 2004

Kübler-Ross, E.: Über den Tod und das Leben danach, Melsbach 1987

Jakoby, B.: Auch du lebst ewig, München 2000

ders.: Das Leben danach, Hamburg 2004

Krishnamurti, J.: Über Leben und Sterben, Frankfurt a. M. 2010

Küng, H.: Ewiges Leben?, München 1984

Lipton, B.: Die intelligente Zelle, Burgrain 2006

Lorber, J.: Jenseits der Schwelle, Bietigheim-Bissingen 2010

Moody, R.A.: Leben nach dem Tod, (1975) Hamburg 2009

Mulford, P.: Unfug des Lebens und des Sterbens, Frankfurt a. M. 1977

Monroe, R. A.: Über die Schwelle des Irdischen hinaus, München 1997

Ogilvie, H.: Das Neue Testament, Stuttgart 2001

OSHO: Tod – Der Höhepunkt des Lebens, Köln 2004

Ringpoche, S.: Das Tibetische Buch vom Leben und Sterben, München 2010

Serwaty, A./ Nicolay, J.: Nahtoderfahrung – Neue Wege der Forschung, Goch 2009

dies.: Nahtoderfahrung und Transzendenz, Goch 2008

Steiner, R.: Anthroposophie, Dornach 2009

ders.: Das Sonnenmysterium und das Mysterium von Tod und Auferstehung, Dornach 2006

ders.: Der Meditationsweg der Michaelschule, Basel 2011

ders.: Die christliche Esoterik in der Apokalypse, Bad Liebenzell 2007

ders.: Geschichtliche Notwendigkeit und Freiheit, Schicksalseinwirkungen aus der Welt der Toten, Dornach 1993

ders.: Individuelle Geistwesen und ihr Wirken in der Seele des Menschen, Dornach 1992

ders.: Mitteleuropa zwischen Ost und West, Dornach 1982

van Lommel, P.: Endloses Bewusstsein, Mannheim 2010

von Weizäcker, C. F.: Yoga und die Evolution des Bewusstseins, Amerang 2010

Walsch, N. D.: Zuhause in Gott, München 2006

Whitehead, A. N.: Wissenschaft und moderne Welt, Frankfurt a. M. 1988

Wilber, K.: Mut und Gnade, München 1996

Yogananda, P.: Autobiographie eines Yogi, Los Angeles 2007

ders.: Der Yoga der Bhagavad-Gita, Los Angeles 2008

ders.: Die Bhagavad Gita, Bde. 1-2, Los Angeles 2005

ders.: Leben ohne Angst, Los Angeles 2006

Zajonc, A.: Die gemeinsame Geschichte von Licht und Bewusstsein, Hamburg 1997

ders.: Aufbruch ins Unerwartete, Stuttgart 2010

Zeilinger, A.: Einsteins Schleier, München 2005

ders.: Einsteins Spuk, München 2005

LESEEMPFEHLUNGEN

Atteshlis, S.: Esoterische Lehren, München 1991**
ders.: Joshua Immanuel der Christus, Nikosia 2002**
ders.: The Symbol of Life, Das Symbol des Lebens,
    Nikosia 1998**
ders.: Worte der Wahrheit, Nikosia 2010**
Boogert, A.: Mit den Toten leben, Stuttgart 2009
ders.: Wir und unsere Toten, Stuttgart 2010
Chopra, D.: Leben nach dem Tod, Berlin 2010
Hollerbach, L.: Der Quanten-Code, Berlin-München 2010
Kürten, O.: Der Sonnengeist Christus, Basel 1988
ders.: Der Sonnengott, der Logos und die Trinität, Basel 1982
ders.: Jesus von Nazareth, Basel 1973
Justen, J. F.: Die spirituelle Seite des Todes, Magic Buchverlag
    2005
Laotse/Kopp, Z. W.: Tao Te King, Darmstadt 2010
Steiner, R.: Das Leben nach dem Tod, Bad Liebenzell 2010
ders.: Der Tod als Lebenswandlung, Dornach 1996
ders.: Der Tod – die andere Seite des Lebens, Dornach 1992
ders.: Der übersinnliche Mensch anthroposophisch erfasst, Dor-
    nach 1999
ders.: Die menschliche Seele in ihrem Zusammenhang mit gött-
    lich-geistigen Individualitäten, Dornach 1992
ders .: Die Schwelle der geistigen Welt, Dornach 1997
ders .: Die sechs Nebenübungen, München 2006
ders : Die Verbindung zwischen Lebenden und Toten,
    Dornach 1995
ders : Goethes Weltanschauung, Dornach 1999
ders : Inneres Wesen des Menschen und Leben zwischen Tod und
    neuer Geburt, Dornach 1997
ders : Karma verstehen, Bad Liebenzell 2008
ders.: Mit den Toten leben, Bad Liebenzell 2009
ders.: Theosophie, Dornach 2003

ders.: Wahrheit und Irrtum, Bad Liebenzell 2008

von Kempen, Th.: Herzensweisheit (1472), Berlin 2004

Fußnote

** Diese Titel sind erhältlich bei Panayiota Theotoki-Atteshli,
P.O. Box 28347, 2093 Nicosia, Zypern,
E-Mail: atthesli@cytanet.com.cy

DAS NEUE STANDARDWERK ZUR QUANTENMEDIZIN

Dr. med. Lothar Hollerbach führt fundiert in die Hintergründe und die Geschichte der Quantenheilung ein und erklärt somit rückwirkend so manche Wunderheilung der Vergangenheit. Der Autor ist seit Jahrzehnten eine Koryphäe der ganzheitlichen Medizin und nimmt den Menschen in seinem individuellen Heilungswunsch ernst. Er bezieht seine Leser aktiv mit ein, zeigt, wie die Methode zur Selbstheilung angewendet wird, und gibt zahlreiche Beispiele aus seiner eigenen Praxis.

Die Quantenheilungsmethode wirkt auf der subatomaren Quantenebene. Die Eingriffe laufen über kleine, schmerzlose, energetische Informationsportionen ab; der Schlüssel dazu ist unser eigenes Bewusstsein. Verknüpfen wir uns mit ihm und senden Informationen in Form zielgerichteter Gedanken aus, können wir angeschlagene Systeme harmonisieren. Im Gegensatz zu bisherigen Veröffentlichungen basiert Hollerbachs Methode nicht auf buddhistischen Prinzipien, sondern auf der christlichen Kultur des Abendlandes.

www.trinity-verlag.de

Michael A. Singer

Die Seele will frei sein
Eine Reise zu sich selbst

Aus dem Amerikanischen von
Oliver Fehn.
Taschenbuch.
www.allegria-verlag.de

Öffne dein wahres Selbst!

Wir alle sind nahezu unablässig von Gedanken erfüllt.
Dieses pausenlose Denken macht die Welt aus, in der
wir leben. Doch eigentlich sind wir mehr als das. Im
Grunde sind wir frei, und uns steht eine unermessliche
Energie zur Verfügung.

Der Bestsellerautor Michael A. Singer führt uns Schritt
für Schritt dazu, die eigene Wahrnehmung zu beobachten und sich dem anzunähern, was hinter dem Fühlen und Denken steht.

Pascal Voggenhuber

ENJOY THIS LIFE®

Wie du dein ganzes Potential entfaltest

Klappenbroschur.
Auch als E-Book erhältlich.

Die neue, erfolgreiche Methode jetzt als Buch

Enjoy this Life® ist der neue Kurs von Pascal Voggen-huber, in dem er zeigt, wie wir wieder mehr Freude ins Leben bringen. Die hier vorgestellte Methode basiert auf dem gleichnamigen erfolgreich gestarteten On-line-Seminar des Autors. Mit einfachen, aber bewähr-ten Übungen gibt er Hilfestellungen, das eigene Leben bewusst zu gestalten und seine wahre Bestimmung zu leben. Mit Einfühlungsvermögen und Achtsamkeit zeigt er dem Leser, wie er sich selbst neu kennenlernen und zum Schöpfer eines neuen Selbstbewusstseins werden kann.

Ein neuartiges, modernes und sofort anwendbares Konzept für ein selbstbestimmtes Leben.

Allegria